外贸成交技巧
从入门到精通

营销铁军 ——— 著

FOREIGN
TRADE

民主与建设出版社
·北京·

© 民主与建设出版社，2020

图书在版编目（CIP）数据

外贸成交技巧从入门到精通 / 营销铁军著 . -- 北京：
民主与建设出版社，2020.6
　ISBN 978-7-5139-3047-5

　Ⅰ．①外… Ⅱ．①营… Ⅲ．①对外贸易—市场营销学
—基本知识 Ⅳ．① F740.4

中国版本图书馆 CIP 数据核字 (2020) 第 076629 号

外贸成交技巧从入门到精通
WAIMAO CHENGJIAO JIQIAO CONG RUMEN DAO JINGTONG

著　　者	营销铁军
责任编辑	吴优优
装帧设计	尧丽设计
出版发行	民主与建设出版社有限责任公司
电　　话	（010）59417747　59419778
社　　址	北京市海淀区西三环中路 10 号望海楼 E 座 7 层
邮　　编	100142
印　　刷	大厂回族自治县彩虹印刷有限公司
版　　次	2020 年 8 月第 1 版
印　　次	2020 年 8 月第 1 次印刷
开　　本	710mm×1000mm　1/16
印　　张	13.5
字　　数	166 千字
书　　号	ISBN 978-7-5139-3047-5
定　　价	49.00 元

注：如有印、装质量问题，请与出版社联系。

外贸，即对外贸易的简称，也称为国外贸易或进出口贸易。是指一个国家（地区）与另一个国家（地区）之间的商品、劳务和技术的交换活动。

做外贸是一项十分具有挑战性的工作，身处外贸行业，我们每天都会面对各种各样的挑战，需要应对各种各样的问题。在不断地挑战与解决问题的过程中，我们的能力会逐渐得到提升。

如果你想成为一名优秀的外贸员，想拿下更多的客户、更多的订单，仅仅靠一腔热情是不够的，还需要掌握外贸工作中的各种技能，包括开发客户、写发邮件、产品营销、报价还盘、外贸谈判、跟进客户、消除客户异议、做好售后服务等。

经常听到有人抱怨外贸工作太复杂，自己做了许久依然搞不懂，甚至莫名其妙就惹恼了客户，使原本唾手可得的订单就这样飞了；要不就是客户玩起了"失踪"，怎么找都找不到……似乎每一位客户都是上天派来折磨外贸员的，外贸员只有经历了重重考验，才能成功通关，才有成交的可能。

每一位外贸员都想与客户建立良好的关系，保持长期合作，但是由于外贸员与客户的立场不同，双方出现分歧、争论等也是在所难免的。学习并掌握外贸工作技能，用你的专业去打动客户，读懂客户的心理，与客户保持良好的沟通，成交自然水到渠成。

本书共分为九章：第一章从外贸员应具备的专业基本功入手，为成交奠定基础；第二章介绍了外贸员开发客户、搜集客户资料的各种渠道，帮助外贸员找到合适的贸易对象；第三章致力于介绍如何写好一封外贸邮件，用邮件赢得客户的青睐；第四章从产品的差异化营销着手，帮助外贸员应对产品同质化严重的困境；第五章主要介绍报价与还盘的技巧；第六章从谈判的角度入手，帮助外贸员通过谈判赢得订单；第七章致力于消除客户的疑虑与异议，为成交助力；第八章以跟进客户为出发点，探讨如何提高订单的转化率；第九章则将着眼点放在被外贸行业忽视的售后服务方面。

如果你是一名缺少实战经验的外贸新人，那你就需要翻开本书，跟随书中的指导，结合自己的工作去做事，真正将这些技能消化并灵活运用；如果你是一名有着多年工作经验但陷入瓶颈的外贸从业者，希望本书能帮助你拨开迷雾，突破瓶颈，让你的职业生涯再上一个台阶。

目录
CONTENTS

第一章
外贸高手应具备的专业基本功

→

外贸并非一项轻松的工作，一名合格的外贸员除了要具备专业的外贸知识外，还要能搞懂客户，掌握销售技巧，在外贸工作中不断地积累经验，提升自己，进而促进成交。

要成为一名合格的外贸员，就要做到"精通"。所谓"通"，指的是对外贸相关的事情都要有所了解，在工作中观察、接收到的信息要足够广泛；所谓"精"，指的是对外贸工作中的重点环节或流程要熟练掌握，要具备专业素养。

要做外贸员，你需要具备这些素质

要做好外贸业务，既有难度，也有机会。一名合格的外贸员除了要具备过硬的专业知识外，还要具有良好的心态与个人修养，能够在工作中不断地学习，在实践中不断地积累经验。

外贸新手大多会对自己的工作不自信，认为已经有很多人在做同样的产品，自己没有市场了，很可能会失败。其实，外贸工作和其他工作一样，不会因为有人做了某项产品，你就不能做了。就像商场里的服装店，一家挨着一家，可是这些服装店照样都有收入，只是有多与少的区别。外贸工作同样如此，你的专业程度、服务水平决定了业务量的多少。

要做好外贸工作，成为一名合格的外贸员，除了要具备外贸专业知识外，还需要具备以下素质。

1. 保持良好的心态

做外贸工作是一个长期积累的过程，很多时候，客户与外贸员保持着联系，也未必会下单。而外贸新人在一段时间内没有拿到订单时，往往会变得心浮气躁，容易气馁，甚至直接放弃。而这恰恰会让外贸员失去成交的机会。因此，要想做好外贸工作，外贸员需要具备超强的心理素质，保持一颗平常心，能够有毅力地坚持下去。

有时候，客户虽然与外贸员谈论了很多，表示出了下单的意愿，但最终仍然没有下单。这时，很多业务员心里便会不平衡。其实，不论客户下单与否，这都是对方的自由，是对方的权利，能下单固然好，但若不下单，外贸员也应该及时调整自己的心态，平和地接受这件事。

2. 坚持学习

外贸工作是一个需要不断学习的职业，不论是对产品的探索研究，对外贸专业知识的深入学习，对开发信的写作探究，对产品宣传卖点的开发，还是对客户心理的分析，对谈判技巧的运用，都需要外贸员不断地学习，使自己变得越来越专业，进而促进成交。

很多外贸新人会受一些电视媒体的影响，觉得现在的外贸市场不景气，形势不乐观，认为外贸公司很难再占据一席之地。其实，外贸公司的生存空间并没有你想象得那么狭小。外贸公司所拥有的资源使他们在寻找符合客户要求的工厂方面更具有优势，而且对客户的大订单，外贸公司也可以化整为零，分配给各个工厂来做，保质保量。另外，外贸员直接与客户接触，可以更直接地获取市场信息，对市场变化的感受会更加敏锐。

所以，不要担心自己会被这个行业淹没，即使工作偶尔陷入了瓶颈，你也可以通过不断地学习来突破瓶颈，让自己的能力水平再提高一个层次。

■ 外贸新认识

外贸工作除了考验外贸员的专业知识外，还考验外贸员的心理素质。保持良好的心态，在与客户打交道的过程中表现出良好的专业素质，成交的概率会大大增加。

外贸英语是业务员的基本配置

> 外语不好，不应成为你进入外贸行业的阻碍；但你一旦踏入外贸行业，就应该提升自己的外语水平。

外贸，主要是与外国人打交道，因此这种工作特点让很多人都产生了这样的想法：只有外语好的人才能做好外贸工作。于是，外语较差的人，在考虑做这项工作时常常会因此而迟疑。

其实并非如此。在外贸工作中运用外语的根本目的是与客户沟通交流，即能够听懂客户所表达的意思，并能够清楚地将自己的想法传达给客户，能够读懂客户发过来的邮件，并能够自如而有效地回复客户的邮件。只要你的外语水平能够帮助你处理好此类事项，那么外语就不会成为你进入外贸行业的阻碍。

而且，即使你的外语水平较差，那也没关系，外贸不会因此而将你拒之门外，你同样可以在工作实践中逐步提升自己的外语水平。毕竟，外语水平高的业务员在工作中会更游刃有余。

外贸英语专业词汇主要分为两种：一种是描述产品本身的词汇，比如产品名称、规格等；另一种是在与客户交谈、谈判时所使用的社交用语。这两种专业词汇的作用不同，学习的方式也应有差别。

一般来说，在学习描述产品本身的英语专业词汇时，可以借助以下两种方法。

1. 国内外企业网站

你可以到与你做相同产品的国内或者国外的企业网站上查找这些专业词汇，将其弄懂、掌握。如果在外贸工作中接触到了其他词汇，你也可以拿来与这些企业网站上的信息进行对比，尤其是借助国外相同企业的网站，让你的专业词汇使用起来更符合国外的标准。

2. 英汉双解词典

如果在企业网站上查找这些专业词汇遇到困难，那你也可以借助英汉双解词典，运用词典搞懂词汇的意思。

要学习、掌握与外国人交谈的英语社交用语的方式就比较简单了，具体来说，可以采取以下三种办法。

1. 阅读以往邮件

从以往的邮件中学习交谈、谈判的英语，既有助于你认识这些词汇，又有助于你学以致用。而且，邮件中的一些句子，你也可以直接摘抄下来，或者直接运用，从而让你的学习效率更高，在进行英语交谈或者回复邮件时，都能更顺畅。

2. 通过美剧、电影等来学习

美剧、电影等是学习这些英语词汇的有效方法，既能让你体会到纯正的发音，又能让你的学习过程充满趣味。你可以将美剧、电影中的一些台词摘录下来，并对其进行改写。

比如《老友记》中的台词：

Given your situation, the options with the greatest chances for success would be surrogacy.（考虑到你的情况，最有可能成功的选择是代孕。）

你可以把这句话改写为：

Given your situation, the options with the greatest chances for success would be to cooperate with us. （考虑到你的情况，最有可能成功的选择是与我们合作。）

在看美剧、电影时，不要因为好笑、有趣就忘记了词汇和句子的学习。当然，你也可以在手机上安装一个英语学习软件，便于随时随地学习。如果你能持之以恒地坚持下来，相信你的英语水平一定会有很大的提高。

3. 直接与客户讨论

如果你与某位客户的关系很好，而且交谈时也不紧张，那你就可以直接与客户讨论某个词语的用法，不用担心客户会因此嘲笑你。就像即使有的外国人说汉语说得并不标准，我们还是会乐意教他们一样，你的客户同样也会乐于指点你的。

外语熟练，是外贸工作者的一个基本配置，但是这个配置的高低是由你自己来决定的。只要你肯学习，能坚持，掌握外贸英语专业词汇就不是问题。

外贸新认识

在外贸工作中，可能很多专业词汇我们都未曾见过，或者是曾经见过但现在已经忘记了。不论是哪种情况，我们都需要重新记忆这些词汇。记忆英语词汇是一个循序渐进的过程，需要一点一滴地去积累，所以，不要因为一时没有成效就放弃，要知道，这是帮助你拿下订单的一个加分项。

外贸员应知道的基本心理学

> 一说起心理学，外贸新人大多会觉得这太深奥，自己也没有时间钻研，因而不重视。其实，在与客户打交道时，心理学的作用十分明显，甚至是决定成交的关键因素。

外贸员想要拿下订单，就要拿下客户。可以说，外贸员的日常工作，基本就是与客户打交道。但是客户并不会完全接受、认可外贸员，在这场拉锯战中，谁了解客户的需求与感受，谁就占据了优势，掌握了话语权。而心理学可以帮助外贸员了解客户内心的真实感受。

从心理学的角度来说，任何人对陌生人都会存有防范心理，即使你们见过几次，但是在生意场上，客户也不会完全地信任你，而会觉得你是有所企图。如果你还一味地强调自己完全是为客户着想，那么可想而知，客户只会越来越不信任你。

因此，在与客户打交道时，我们要利用心理学知识，了解客户的所思所想，以便更好地达到成交的目的。比如，客户的一个表情、一个肢体动作都会透露其内心的想法，如果你读懂了，看明白了，那么拿下客户就是轻而易举的事。

【案例】

一位英国客户在与国内的外贸员接触了多次后，虽然依然没有签单的意愿，但是也没有明确地表示拒绝。于是，这位外贸员的老板便让他去面对面接触客户，看看客户有什么不满意的地方。

外贸员与客户约见在一家咖啡厅。双方见面后，外贸员便直接问对方有什么不满意的地方，是不是价格方面不太满意，但是对方表示不是价格的问题，是其他方面的原因。

看到客户不愿意说出缘由，外贸员便将事先准备好的产品资料递给客户，没想到客户刚看了一眼，便问："Where is the price？"客户的这一反应让外贸员知道了对方很看重价格。果然，当外贸员把报价表给客户看时，客户拿着报价表研究了好久。

客户的这两种行为让外贸员认为，无法签单的主要原因就是客户对价格不满意。于是，他便对客户说，为了表示诚意，公司愿意给对方5%的折扣。

客户一听到这句话便瞬间将目光从价格表上转移过来，然后又详细地询问了外贸员一些产品的细节。通过不断地交流、谈判后，外贸员最终签下了这笔订单。

在上述案例中，外贸员通过客户的几个小动作，读懂了客户的心理，并以此为出发点，通过价格折扣来打动客户，从而促进了成交。

由此可见，只要我们掌握了一些基本的心理学知识，并运用其读懂客户的一些语言、表情和行为，进而推测出客户心里的想法，从而使交流朝着我们预想的方向发展，那样成交也就不再难了。

此外，客户还需要一种心理满足感。就像很多人去买衣服时都希望店家能给一个折扣一样，其实，大多数人在乎的并不仅仅是便宜了一二十块钱，而是店家给了优惠后，人们的心里会得到满足。客户也有同样的心理需求。外贸员在与客户沟通时，可以从客户的这个心理需求出发，那样客户就很容易被打动，进而签下订单。

当然，我们做外贸工作，不应随意揣测客户的心理，不能将自己的主观想法和意愿强加给客户，这样只会使沟通和谈判都朝着负面的方向发展，但是我们又不得不推断客户的想法与心理状态，尤其是在谈判或者沟通陷入僵局时，如果可以准确地分析出客户的想法与心理状态，我们就能够快速地找到沟通的切入点，推进沟通与谈判。

外贸新认识

　　一般来说，客户对外贸员产生心理认可会经历几个阶段：认识，通过邮件形成初步印象→产生兴趣，了解公司及产品信息→缩短距离感，产生好感→建立信任，达成合作。

销售技巧：外贸员的强力外援

> 销售是一门技术活，尤其是外贸业务员，要与不同的国家、各种各样的客户打交道。如果外贸员没有掌握相应的销售技巧，就很容易被客户牵着鼻子走，使自己陷入不利的局面。

"做外贸员，话术和技巧都没有什么用，只有好的产品和服务才是最重要的。"如果你这样想，那你就错了。

一方面，好的产品是需要有资金来支持的，而很多公司在刚开始时，资金并不充裕，往往会从普通产品入手，只有当这些产品占据了一定的市场份额后，公司才会有更多的资金，才能够做更有质量的产品。另一方面，这些产品要进入市场，就需要业务员来推销，而销售话术与技巧此时就会成为推销产品的助推器。因此，外贸员也应该学习销售话术，使其成为自己的强力外援，帮助自己在外贸工作中取得业绩。

要掌握销售技巧，助力自己的成交，外贸员应注意以下三点。

1. 与客户保持平等交流

做外贸工作都害怕丢客户，但是即使你做得再好，也难保不丢客户。所以，不要把客户放在太高的位置上，而将自己置于一个很低的位置上。要知道，你们之间是平等的，是合作共赢的关系。客户既然要采购，就说明他们有这个需求，并有利可图。如果你过于畏惧客户，过于放低自己的姿态，客户不仅不会同情你，反而会有意地占便宜，索取更大的折扣。

【案例】

小张是刚刚进入外贸行业的新人，最近，公司让他负责一位海外客户。

小张在与这位客户相处的过程中，总是表现得战战兢兢，生怕自己哪里做错了，惹得客户不满意。甚至在与客户的闲谈中，小张也无法对答如流。

在进行价格谈判时，为了不丢掉这个客户，小张总是在自己所能控制的价格范围内让步，结果，客户看到小张这样任由自己予取予求，不仅没有收敛，反而还要求再次降价。这下小张慌了，他赶紧请示自己的领导。领导了解了情况后，便亲自与客户面谈，结果在小张最终确定的价格上成交了。

其实，外贸工作与其他工作一样，都是双方各取所需的过程。外贸新人不必将自己的姿态放得太低，而应该树立一种平等交流的理念，双方合作，促进真正的共赢。你也可以与客户讨价还价，可以与客户探讨产品的信息，说出产品的优势。要知道，你不是求他们买你的产品，而是他们有这个需求。

2. 不轻易让步

当然，很多客户都会要求降价，或者提出其他的要求，如果双方僵持着，那么沟通或者谈判就无法顺利进行。但是如果客户一说降价，你就满足客户的要求，就很可能会像案例中的外贸员小张一样，被客户逼到绝境。

那么，面对这种两难的抉择，外贸员应该怎么做呢？办法就是相互让步，让客户也付出一定的代价，让客户知道你不是毫无底线的让步。

比如，当客户要求你给予10%的折扣时，你可以说给对方5%的折扣，而且要求对方将付款方式由原本谈定的全部即期信用证改为30%T/T、70%即期信用证；或者你也可以表现得很为难，并告诉客户你要请示领导，希望客户能告诉你他的详细采购计划，比如采购数量、采购日期等，以便于你向领导汇报，申请折扣等。

当客户提出新的要求时，你也可以提出新的要求，不要无条件地满足客户的要求，客户自然也就不会轻易地苦苦相逼。

3. 说客户最感兴趣的话题

要想跟客户聊得下去，就要说客户感兴趣的话题。那么，到底哪些话题是客户感兴趣的呢？是价格，是产品的质量，还是你所能提供的服务呢？不同的客户所关注的产品参数也会有所不同，但不可否认，物美价廉的产品是所有客户的诉求，也是他们的关注点。所以，要想成功地推销产品，不妨从这两个角度出发，着重向客户介绍。

销售技巧是可以在与客户打交道的过程中逐渐提升的。销售是一门技术活，在推销产品时更需要借助你的推销技巧。如果你想拿下客户，拿下订单，就要说客户感兴趣的话题。

■ 外贸新认识

在推销时以客户为中心，指的是以客户的需求为出发点、切入点，而不是一味地满足客户的无理要求。懂点销售技巧，你的外贸工作就会做得更顺利。

难以成交，你缺的不只是经验

做外贸，经验的确很重要，但这并不是你无法成交的唯一原因。
提高自身的能力，改善自身的不足，成交也就不再难了。

新人做外贸总是错误百出、困难重重，难道仅仅是因为经验不足吗？不可否认，外贸新人没有经验的积累，没有亲身实践，虽然他们脑中有自己的一套理论体系，但是并没有形成自己的方法。这是新人的劣势所在，但这不应成为他们无法成交的唯一理由。

在当代大环境下，即使没有经验，当你遇到困难，不知道该如何处理时，也很容易通过查找相关资料，找到解决问题的办法。因此，经验不足不是阻碍外贸新人成交的唯一原因。

那么，除了经验，外贸新人还缺些什么呢？

1. 缺乏思考力

我们都知道在遇到问题时首先要分析问题，然后想办法去解决问题。然而对于外贸新人来说，当问题出现时，他们也想去解决，但是不知道应该如何思考，更不知道用什么办法去解决。

其实，在外贸工作中遇到问题时，只要抓住以下几点去思考，就会豁然开朗。

（1）情况是否属实：真的是这样吗？

（2）会产生的影响：如果这样做了，对自己和公司会有什么影响？客户又会如何做？

（3）自己可以做哪些努力：自己怎么做才能改变这个局面？如何让客户改变想法？

比如，当客户抱怨产品的报价太高时，你可以这样思考：

（1）产品报价真的高吗？客户是怎么得出这个结论的？是与哪些公司的产品进行比较的？

（2）如果我提出降低价格，那么对我个人和公司会产生什么影响呢？客户会因此而接受与我们合作吗？

（3）如果不降价，我要怎么说服客户接受这个价格，继续与我们合作呢？或者我是不是可以向老板申请一下，降低价格呢？

一般来说，如果外贸新人能够学会主动分析问题，并思考解决问题的方法，那么在遇到问题时就不会再无所适从了。

2. 缺乏主观能动性

出色的外贸新人会靠自己的努力拿下客户，成功签单，即使遇到困难，他们也会积极地寻求同事或领导的帮助而去处理问题，并总结经验。但是有些外贸新人在接受了他人的帮助后会产生依赖，当再次遇到困难时，他们想的不是自己如何解决困难，而是应该向谁求助。这种缺乏主观能动性、依赖他人的心理使得他们很难进步。而且，被求助的一方也会因为不胜其烦而对其反感。

其实，很多外贸新人都已经积累了一定的经验，但是他们还是不敢独立去解决问题，认为自己要学习的还有很多。诚然，保持谦虚固然重要，但也要知道，外贸工作更需要实践经验，需要经验的积累，只有自己积极主动去做，别人才会更愿意帮助你。

3. 缺乏耐心

在外贸教学中，很多人学到的都是理论知识，而对外贸行业的当前形势了解得并不全面。尤其是刚刚踏入社会，进入外贸行业的新人，很多人一开始干劲十足，但是如果在近期内见不到成效，便会慢慢变得怠惰，对外贸工作也变得缺乏耐心。比如，写开发信没有得到回应，发给客户询盘文件后就没有下文了。这种看似只有付出而没有收获的工作会大大地消磨外贸新人的耐心与激情。而一旦外贸员变得消极，那么成交就会离他越来越远。

外贸新认识

外贸工作不是天书，不懂的可以问，可以思考，也可以查资料，但不要期待着别人会主动教给你。经验是自己实践出来的，要记住，外贸工作中重要的是要发挥自己的主观能动性。

明确方向，选定你的外贸主打产品

做产品首先要明确大方向，确定主打产品，然后主动去开发、推销主打产品。不要觉得产品多就是好，就会多一分成功的机会。其实，很多客户看重的是你的专业程度。

在刚进入外贸行业时，很多外贸新人都会疑惑：我要做什么产品呢？我可以做这个产品吗？我可以很肯定地回答你："你做任何产品都可以，但是要注意产品的类别不要太宽，以免客户觉得你不够专业。"那么，外贸新人该如何选择自己的产品门类呢？

一般来说，外贸新人可以做如下准备。

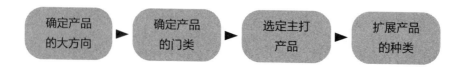

1. 确定产品的大方向

在刚进入外贸行业时，外贸员首先要选定自己的职业方向，即要做什么产品，比如机械、杂货、家具、五金、玩具、礼品等。这个方向比较宽泛，即使选定了一个大方向，所做的产品也可能千差万别。

一般来说，外贸员所选择的产品的大方向通常是由自己的兴趣爱好或者朋友的介绍而确定的。当然，如果已经入职，那么这个方向就由外贸员所在的公司或者工厂的经营范围来确定。

如果你仍然不知道要选择什么产品方向，也可以先进行一番简单的市场调查，看看各类产品目前处于哪个发展阶段内。一般来说，每种产品的发展都遵循一定的规律，经历四个时期，即进入期、成长期、成熟期、衰退期。

在这四个时期内，外贸员会面对不同的机遇与挑战，具体内容见下表。

表 1-1 外贸员面对的机遇与挑战

时期	机遇与挑战
进入期	熟悉产品类型与基础知识，将产品信息传达给潜在客户，帮助客户应用这些信息为公司创造效益
成长期	质量和服务是关键诉求，便于建立自己的品牌与信誉
成熟期	买方市场占据主动，产品利润降低，此时的发展方向是开发新产品，建立新品牌
衰退期	赋予这些老产品一些新用途，寻找新市场

外贸员可以结合自己的擅长点，选择适合自己发挥的时期的产品。

2. 确定产品的门类

当外贸员确定了产品的大方向后，还需要确定产品的门类，以便更好地确定自己的工作范围。比如家具行业，家具也可以按照不同的分类方式分成好几种，比如按照材质来分，可以分为实木家具、玻璃家具、皮质家具等。因此，外贸员还要在家具这一方向中选定一个产品门类，比如实木家具。

3. 选定主打产品

接下来，外贸员需要选定 1 ~ 3 款产品作为主打产品，并着重研究这些产品，了解每种产品的尺寸、样式等，将这些产品的知识都弄懂、吃透。这样，当客户有疑问时，外贸员就可以给出专业的建议，为客户答疑解惑。

比如，选择实木家具这一门类，那么主打产品就可以确定为实木衣柜、实木书桌、实木床。

小技巧

在前期阶段，选择 1 ~ 3 款产品作为主打产品是最合适的。因为如果产品过多，外贸员就很难记住所有信息，也会给客户留下不专业的印象。

4. 扩展产品的种类

当外贸员将这些主打产品做得专而精后，除了产品质量过关外，也会收获不少忠实客户，建立稳定的客户群。接下来，外贸员就可以根据公司发展的需要，或者客户的产品需求，或者市场的变化，逐渐扩展产品的种类，开发更多的客户，获得更多的订单。

在做外贸产品时，不要操之过急，先站稳脚跟，收获客户，再扩大市场，外贸员的转型与创新也会顺利一些。

外贸新认识

即使外贸产品的种类已经确定了，在工作中也是可以改变的。如果客户对某种产品的需求量较大，那么外贸员就可以及时地研究此类产品。随着工作的深入，外贸员会对这些产品的需求量有自己的认识。

外贸产品知识包含哪些内容

> 产品信息是外贸员进行推销工作的根本。外贸员所了解的产品信息越多、越丰富，在客户看来就越专业、越值得信任。

外贸员直接接触客户，与客户沟通，向客户介绍产品。如果外贸员的产品知识不过关，在与客户沟通时"一问三不知"，或者只能求助其他人，那么就无法把握住成交的机会。因此，外贸员去工厂学习，了解一些基础的产品知识是十分有必要的。

那么，外贸产品知识究竟包含哪些内容呢？一般来说，外贸人员需要了解产品的原材料组成、加工工艺、性能、价格以及产品的产量、规格和包装等。

1. 了解产品的原材料

了解产品的原材料，就是帮助你了解产品的特性。不同材料的产品，由于成分不同，特性也必然存在差别。

比如，客户要选购一款眼镜的镜片，你如何从原材料的角度向客户介绍呢？玻璃镜片、树脂镜片、PC 镜片有何不同？

对于这个问题，如果你真正地了解了这些原材料，那么就可以从材质的重量、佩戴舒适度、抗破碎性、透光性等方面来进行介绍。

表 1-2 不同原材料眼镜镜片的区别

区别项目	镜片种类		
	玻璃镜片	树脂镜片	PC 镜片
重量	偏重	轻	很轻
佩戴舒适度	不太舒适	舒适	很舒适
抗破碎性	易碎	不易碎	不易碎
透光性	很好	好	好，而且防紫外线
抗划伤性	不易划伤	易划伤	易划伤

这样，客户更注重哪一方面的体验，就会侧重于选择具有哪种优势材质的镜片。当你能够在客户面前表现出你专业的一面，客户也会更信任你，会觉得你是一个经验丰富的外贸人。

2. 熟悉产品工艺

通常来说，产品工艺是由工厂管理人员和检修工人来负责的。但如果外贸员熟悉产品的生产工艺，了解机器的工作原理，那么在面对很熟悉这些工艺的客户时，就不会表现得太肤浅，从而会将自己置于有利的位置。

熟悉产品工艺，还包括了解哪些工艺是关键的，哪些工艺容易出问题，哪些情况会造成产品的质量不合格等。要了解这些信息，需要外贸员长期的学习与积累，比如询问工厂的厂长、机器操作工，请教有经验的前辈等。

当然，如果可以去工厂进行实地学习，是再好不过的了。

3. 了解产品的性能

要详细地了解产品的性能，外贸员可以查看产品的参数，并弄清各个参数代表了什么。

在将产品推销给客户时，如果你先成为这款产品的使用者，就更有发言权和说服力了，而且，这也是你了解这款产品性能的一个好机会。如果在使用过程中，你发现了产品设计中存在不合理的地方或者存在功能缺陷，都可以先进行完善，使产品的性能和品质在改善后可以提高一个层次。

另外，外贸员除了要了解自己要推销的产品，还应该多收集一些竞争对手的产品，对比研究几款产品的优势与劣势，从而找到自己产品的推销点与热卖点，成功地达成交易。

4. 了解产品的价格

要了解产品信息，价格自然是必不可少的一个环节，这也是影响最终能否成交的关键因素之一。

要确定自己的产品在价格方面的竞争优势，外贸员需要了解两点：一是竞争对手的产品价格，比如在 Trademanager（阿里旺旺国际版）上联系竞争对手，与对方聊聊他们的报价；二是客户当地市场的销售价格，外贸员可以登录客户当地的网站来了解产品的行情，或者借助其他的网站搜索此类产品，比如美国的网站就有 amazon（亚马逊）、Walmart（沃尔玛）、eBay（易贝）、Best buy（百思买）等。

此外，外贸人员还需要了解产品的产量、规格与包装信息，产品的污染情况、废水处理情况、能否替代其他产品以及能否被其他产品替代等。凡是与产品知识相关的信息，外贸员都应该进行整理，提高对产品和市场的熟悉程度，这也是外贸员逐渐变得资深的标志。

外贸新认识

　　在学习、整理外贸产品知识时，不可能一次就整理全，也不可能一下子全都记住。先将产品知识的框架搭好，然后逐渐填充内容，并在工作中逐渐积累，外贸员的产品知识结构便会越来越完善。

高手支着：外贸新人的常见认识误区

> 由于经验不足，外贸新人对外贸行业的认识会存在一些误区，这是很常见的。但外贸新人应尽早地认清事实，摒除误区。

我们常说"理论要联系实践"，那是因为在真正的实践中，你会发现很多理论与实践并不相符。作为外贸新人，虽然掌握了一定的理论知识，但是真正进入外贸行业后同样会有很多不解的地方，即所谓的认识误区。

以下是外贸新人的常见认识误区，如果你也有这样或那样的看法，希望我的经验之谈会让你对外贸行业有一些新的认知。

1. 零回复是因为开发信写得不好

开发信几乎是新人进入外贸行业必须要做的一项工作，很多人认为开发信是万能的，自己之所以没有得到客户的回复，就是因为开发信写得不好，其实这并不是唯一的决定因素。

一般来说，开发信没有得到客户的回复，或者回复率太低，还与对方是不是你的目标客户相关。如果对方公司并不需要你的产品，或者你发的这个邮箱并不是对方公司的采购负责人的，那么，即使你的开发信写得再好，也不会得到对方的回应。

此外，运气也占有一定的比重。在外贸工作中，很可能由于客户很忙，或者客户心情不好，因而忘记了回复，那么此时，你便是运气不好，得到的结果便是无回复。因此，开发信并不是发完一封就完事了，如果你偶尔运气不好，那就多试几次，总会碰到客户不是很忙或者心情较好的时候。

2. 给客户发邮件要以简单为主

在写开发信时，很多外贸新人都注意到了要言简意赅，于是，他们便把这种写作模式原封不动地应用到邮件中。当客户发邮件询问某产品的价格时，他们只是简单地回复价格是多少，而不做多一点的说明。其实，这种回复邮件的方式是大忌。

要知道，客户要处理的事情很多，他不会只与你一个人对接，也会寻找此类产品的其他供应商。因此，如果你想要提高成交的概率，就要用一封邮件将客户想要了解的信息都写出来，比如产品的价格、性能、突出的特点等。不然，如果你的产品价格稍高，而你又没有说明产品具备的价值，那么客户很可能会将你的产品淘汰。

3. 客户要了 PI 就代表一定会下单

很多外贸新人都会有这样的疑问："我的客户已经要了 PI，为什么等了这么久，对方还不下单呢？"

其实，客户要了你的 PI 也并不一定代表就会下单。PI 的作用只是让客户知道自己买的产品是什么，数量有多少，以及单价和总价等，也就是说，PI 只是客户让你通过书面来确认报价，为后期可能会产生的纠纷提供一个书面依据，而并不是要下单的征兆。

小知识

　　PI（Proforma Invoice），即形式发票，估价发票，试算发票，备考货单。

4. 报价要像挤牙膏一样

很多外贸新人都担心自己产品的价格外泄，于是在与客户沟通时，报价总是犹犹豫豫，导致客户无法接收到准确而全面的信息。而当今外贸市场，客户会接收到海量的信息，在这样的竞争中，没有吸引力、不明确的信息就会被剔除。所以，不要像挤牙膏一样向客户报价，如果你这样做了，那么这很可能就是你与客户进行的最后一次沟通。

5. 与外国人打交道不会有潜规则

外贸新人往往认为外国人是公正公道的，在与外国人交易时，只要自己的产品、价格能够满足要求，那么成交就是水到渠成的事。

其实，不论是与国内人打交道，还是与外国人打交道，他们都同样注重交谈的氛围，注重自己的感受。尤其是在争取大的订单时，不只你会给出较好的条件，你的竞争对手同样也在琢磨如何拿下订单。此时，如果你的招待让对方感到舒服自在，他们自然就会更偏向你这一方。而这些所谓的场外因素，也就是你应注重的潜规则。

6. 要想拿下订单就要谈交情

没有人愿意做赔本的买卖，我们是这样，客户也是这样。很多时候，外贸新人在与客户沟通时，总是拿出"我是为了你好"的派头，先跟客户交朋友。其实，这是在把简单的事情复杂化，是在舍本逐末。难道客户会因为跟你的交情好就做赔本的买卖吗？

在商言商，从专业的角度与客户交谈，才更能打动客户，令客户信服。要知道，客户也是懂行情、懂生意的。即使你说用赔本的价格跟他合作，你觉得对方会相信吗？

当然，这并不意味着完全不跟客户谈交情，而是要分清主次，先把生意谈清楚，再谈交情。

外贸新认识

　　对外贸行业的一些认识存在误区，并不能算是一种错误，但这种认识误区很可能会阻碍我们成交。因此，外贸人员应尽量摒除误区，尽自己最大的努力发挥自己的能力，助力成交。

第二章
弄清国际贸易规则，选择合适的贸易对象

→

　　开发客户，说起来容易，做起来难。令很多外贸新手最头疼的问题莫过于寻找客户，这些外贸新手联系到的客户，往往不是不回复，就是不感兴趣，抑或是不信任外贸员。其实，这往往是由于外贸员没有找到合适的贸易对象。

　　寻找、开发客户有多种途径，在与客户沟通交流的过程中，外贸员也要有足够的时间去展现自己专业与职业的一面，去征服客户。因此，关键是外贸员自己要先做好充足的准备。

为什么客户不理你

外贸员在联系客户时会很主动，但是等待客户回复的过程往往是煎熬的，甚至很多客户都不回复。很多外贸员都想知道客户为什么不理自己，以及应该如何应对这种情况。

在外贸工作中，外贸员经常与客户打交道，客户发来一封邮件，外贸员会毫不犹豫地打开，并礼貌地回复，但是当外贸员给客户发了一封邮件后，却未必会得到客户的回复。

很多外贸员都十分苦恼：我明明花了那么多的时间和心思去写开发信、写邮件、介绍产品信息、填写报价表，为什么客户就是不回复呢？

其实，客户不回复的原因有很多，可能是没看见，也可能是对某些条件不满意，还可能是不够信任你。下面我们就来详细地分析一下客户为什么不理你，找准原因，对症下药，你才有可能比别人多拿下几个订单。

1. 你用的联系方式是错的

如果你是在开发新客户的阶段，利用自己找到的一些客户的联系方式联系客户，但是久久没有得到客户的回应，有可能是你找到的联系方式并不是潜在客户的，可能是销售员的，或者是其他岗位的工作人员的，还有可能是客户已经离职，这个联系方式已经不再用了。

2. 客户没看到你发的邮件

外贸员并不是为一位客户服务，同样地，客户也不会只联系你这一位外贸员，他们在采购前会货比三家。也就是说，联系同一位客户的并不是只有你，其他外贸员也会给客户发邮件、打电话等。所以，客户不回复你的邮件，很可能是因为工作繁忙，或者你的邮件推销的成分太重，被系统自动拦截，进入了垃圾箱，导致客户没看到。

如果想要确认是不是这个原因导致没有得到客户的回复，外贸员可以给客户打个电话，告诉客户已经将对方需要的产品信息或者报价等发到邮箱了，请客户注意查收，如果有什么疑问，请对方随时联系你。

3. 你的表现不够专业

一般来说，外贸员在与客户相处时，表现得越专业，就越容易赢得客户的信任。很多时候，你的一个小举动就会给客户留下负面的印象，比如报价信息不全，没有付款方式，产品重要参数记错，生产流程不清楚等。这些在客户看来就是你不专业的体现，客户自然也就不敢信任你，不愿与你签单。

要解决这一问题，就需要你不断地学习，学习外贸基础知识，了解产品信息、行业特征等，让自己变得专业化、职业化，从而取得客户的信任，促进成交。

4. 价格太高，客户不满意

通常来说，如果报价在客户能够接受的涨幅范围内，对方还会与你谈一谈，若你的报价太高，超出了客户的预期，那么客户大多会直接拒绝与你联系，你便会因为价格太高而失去客户。

所以，如果你不了解自己产品的底价和行业内的平均价格，不妨问一问经理，对自己产品的底价做到心中有数。这样，当客户的需求采购量很大时，你也可以与客户协商，不至于因为报价不合适而失去大客户。

5. 客户暂时不需要你的产品

如果客户暂时不需要你的产品，那么他自然也就不会回复你。此时，你也不用急着将这类客户从潜在客户中移除，客户暂时不需要，可能是他们已经找到了供货商，不打算更换，或者是暂时不打算做此类产品。那么，你可以持续地跟踪客户，时常向客户发一些产品的信息，与客户维系好关系，这样，当客户或者客户所在的公司需要此类产品时，他们很容易就会想到你，会主动联系你。

总之，不论是客户真的没看见你发的消息，还是暂时没需求，不想与你合作，你都应该把这些客户当成潜在客户来对待，这也是为了让自己的成交多一分机会。

■ 外贸新认识

与其苦恼客户为什么不理你，不如逐个原因去排查，了解客户心里所想，有针对性地攻破，勾起客户关注的欲望，提高产品的曝光度，为成交助力。

要开发客户，你可以借助这些渠道

　　开发客户也是一门技术活，并不是每个外贸员都知道该如何开发客户，寻找客户资源。获取客户，有很多种方法，能够灵活地应用多种方法，才算是一名合格的外贸员。

　　开发客户是做好外贸工作的第一步。开发客户的方法有很多，但很多外贸新人在开发客户方面都执迷于一种方法——注册 B2B，等待客户询盘，这种单一的方法不仅被动，还难见成效。

　　一个专业的外贸员懂得用多种方式、多种渠道开发客户，当客户不找你时，你要主动找客户。外贸员开发客户的渠道有以下几种方式。

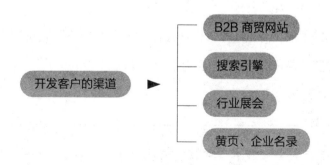

　　1. B2B 商贸网站

　　利用 B2B 商贸网站找客户，是大多数外贸员都会做的一项工作，但很多人往往只迈出了第一步，即注册账号，上传公司信息、产品资料等，然后就等着客户主动找自己。其实，外贸员能做的远不止这些。

外贸员还可以在搜索栏搜索自己所做产品的关键词，搜索国外客户的信息；也可以查看同行的网站，比较一下同行的产品与自己所做产品的区别，丰富自己的产品知识。

小技巧

　　在 B2B 网站上录入公司信息、产品信息时，要注意公司介绍要清楚，产品介绍要简洁，最好能附上清晰的产品图片。此外，外贸员也可以学习一些 SEO 知识，对网站进行优化。

2. 搜索引擎

搜索引擎有很多，其中的客户信息比较多，也比较杂。外贸员同样不能拘泥于同一款搜索引擎，Google、Yahoo、MSN、AOL、Dogpile 等，都可以成为外贸员搜索客户信息的渠道。因为不同的搜索引擎的收录范围是不同的，所以有些搜索结果也有区别。使用多款搜索引擎，可以帮助外贸员搜集更多的客户资料，开发更多的客户。

不同国家使用的主流搜索引擎会有区别，找到目标国家的主流搜索引擎，对外贸员寻找目标客户也会有很大的帮助。

小技巧

　　在搜索时，外贸员的搜索关键词可以是自己的产品，也可以是所销产品的下游产品。

3. 行业展会

外贸员还可以利用各个行业的展会信息来获取客户的资料。比如，主动参加展会，与客户接触，即使无法当场签单，也可以给客户留下一定的印象，获得客户的联系方式，便于以后跟进。

另外，外贸员也可以在搜索引擎上搜索这些行业展会的资料，从中筛选适合的客户信息。

此外，通过老客户来介绍新客户，将非目标客户转变成潜在客户等，都是开发客户的有效方式。总之，外贸员需要主动出击，而不是被动地等着客户。毕竟，每位客户都会接到多个外贸员的信息，要想让对方成为你的客户，一味地等是不可取的。

4. 黄页、企业名录等

我们在使用搜索引擎搜索客户信息时，会搜到一些黄页、企业名录网站。外贸新手在看到这些网站时可能不会注意，而专业的外贸员则会将这些信息都搜集、利用起来。当然，我们也可以直接找黄页，即在搜索引擎中输入 Yellow Pages。

在黄页里，我们可以按照产品类型、公司名称等来搜集客户的信息；对于出现的企业名录，我们可以将企业名称放到搜索引擎中去搜索目标客户。

外贸新认识

开发客户本身就是一项考验耐心和毅力的工作，也是一项需要运气的工作。外贸员不应放过任何一个能找到潜在客户的机会。

用你的专业扫除客户的不信任

> 虽然进入外贸行业的门槛比较低，但这并不代表外贸员不需要专业的素质。能征服客户的，能拿下订单的，大多是那些具备专业素质的外贸员。用专业消除客户的疑虑、担忧，客户才愿意从心里接纳你。

我们在购买电器、大件物品时，都会选择品牌的或者口碑较好的，因为我们觉得它们够专业，能够满足我们的需求，即使使用过程中出现什么问题，卖方也会帮助我们解决。

同样地，客户在选择外贸员时，也会看对方是否足够专业，能否从专业的角度为自己提供帮助。一个对产品不了解、对本行业的行情不清楚、对贸易政策不明白的外贸员是无法赢得客户的信任的。因此，要想拿下客户，外贸员应该展现出自己专业的一面。

外贸员的专业性主要体现在以下五个方面。

1. 外贸基本知识

掌握外贸基本知识是外贸员最基本的素质。了解常用的贸易术语，比如 FOB、CFR、CIF 等，了解外贸的报价、单证、出口退税、付款方式、交易流程等知识点，在交易过程中才不会给客户带来麻烦。如果外贸员什么都不懂，还希望客户能指导自己，那就永远都无法成交。

2. 产品信息

外贸员要熟悉产品信息，主要包括熟悉产品的价格、包装、品质、参数、用途、上游原材料的价格走向以及下游产品的大概价格范围。

只有了解这些信息，外贸员在向客户介绍产品时才能扬长避短，突出自家产品的优势。当客户对产品的某些方面存在疑问时，外贸员就可以给出专业的回复，令客户信服。

3. 行业内的状况

要想成功拿下客户，我们的难关并不是只有客户一个，还有我们的同行在与我们竞争。因此，外贸员需要了解行业内的状况，比如本行业有哪些比较大型的公司，做此类产品的哪些公司业绩比较好，对方的产品与我们的产品在价格、质量等方面有何不同。

做好了这些准备，不论是客户抱怨你的价格太高，还是说你的产品特色不够突出，你都能给出专业性的回答，不会被客户弄蒙，随意怀疑自己的价格。而且，你有理有据地说明，也会让客户觉得你很专业，是做了充分的准备，从而对你多一分信任。

4. 贸易与关税政策

不论做什么工作，都需要了解国家的相关政策。如果外贸员不懂国内银行政策、关税政策，在报价时就很可能会出现差错，导致公司损失惨重，甚至触犯了法律而不自知。

作为一名外贸员，一定要熟读国际贸易的相关法律政策，比如，了解与供应商、运输公司、海运公司等打交道时要注意哪些方面。

5. 客户所在国家的形势、政策

了解客户所在国家的社会形势，如政治、经济情况，既可以帮助外贸员避免损失，比如有些客户所在的国家正在遭遇经济危机、战争等，就可能无法及时收汇；又有助于外贸员做好产品营销，比如针对客户所在国家的热点事件进行产品营销，或者向客户表达自己的关心之情。

此外，外贸员如果了解客户所在国家的政策、进出口法规、付款方式的规定等，那么在与客户谈判时就不会提出令客户太为难的问题，反而可以在公司能够承担的范围内适当地从客户的角度考虑，从而打动客户。

■ 外贸新认识

外贸工作不仅需要热情，更需要专业。客户选择外贸员的主要依据之一是信任感，而信任感就来源于专业。

不是所有人都值得被当作客户

> 不是所有的客户都抱着成交的目的与你沟通，有些客户可能只是浑水摸鱼，虽说这种客户只是少数，但一旦碰到，外贸员就会白白浪费时间和精力。

外贸新人总会美化客户的形象，觉得客户是通情达理的，是会与自己好好谈合作事项的，如果客户有什么需求，自己也应该尽量满足，不应提出异议。实际上，大多数客户也确实是这样的，会将合作的重点放到产品上，但也有一小部分客户，觉得外贸员是有求于自己的，于是表现得趾高气扬，对外贸员呼来喝去，丝毫不提生意的事情。

有个外贸员最近就碰到了一个这样的客户。

【案例】

客户给外贸员发邮件，说让他发一张邀请函，客户要来外贸员的公司拜访。

外贸员早上去机场接机，带着客户到了公司的工厂。客户整个人表现出一副无精打采的样子，还暗示他们自己现在太饿了，如果不解决这个问题，就什么都谈不下去。

于是，外贸员便遵从经理的指示，买了一些早饭和零食给客户。客户吃完饭，又表示自己太累了，说以往来谈生意，都是别人帮忙订好酒店，让自己先休息一天的。

见客户没有谈生意的意愿，经理也不好再强迫对方。于是，外贸员又给客户订了酒店，送客户回去休息了。

第二天，外贸员接客户去公司，想要谈一谈合作的事项。当外贸员拿出样品给客户看，问客户是否要买样品时，客户一脸无奈，表示自己现在处于样品收集阶段，还不会购买，而且，公司现在也没有要购买样品的打算。

外贸员很无语，既然没有这个打算，为什么要来这一趟呢？而且还是客户主动提出要来参观工厂、看看样品的，难道仅仅是为了耍他们玩？

你有没有遇到过此类情况呢？明明是客户主动提出谈合作，结果却不谈项目，不看样品，而把行程当成一次享受之旅，颐指气使。如果你碰到了这样的客户，那么我要告诉你，他们根本就不是来谈生意的，你也不必过于贬低自己，这样的客户根本不值得被当作客户。

客户想要来拜访，这对很多外贸员来说都是面对面与客户接触的一个机会，但并不是每位客户都值得被接待。接待客户是有成本的，除了金钱成本，外贸员还需要付出时间、精力等成本，因此，是否要接待客户，是否要给客户发邀请函，外贸员需要进行一番评估。

客户是否值得被接待，是否有来拜访的需要，外贸员可以从以下几个方面来考量。

（1）客户来拜访的目的是什么？

（2）目前我们是否有正在谈的项目？项目进展到哪个程度了？有拜访的需要吗？

（3）之前是否给客户送过样品，还需要客户亲自来看吗？

（4）客户所在国家或地区的信用如何？是否有成功成交的记录？

（5）有什么问题需要当面解决？

（6）如果客户拜访完，我是否有把握将其成功拿下，顺利签单？

很多外贸员都心存侥幸，觉得自己不会遇到这样的客户。于是，对于客户要求的主动拜访，外贸员总是担心会因为拒绝而丢失客户，认为只要客户一来，自己成交的概率会更大。但结果虽然耗费了时间、金钱和精力，但是项目依旧无进展。

所以，不要自贬身价，更不要对客户的要求听之任之。要知道，贸易双方是平等的，做生意讲究的就是平等和互相尊重。

外贸新认识

　　随着国际交通成本的下降，出国越来越方便。很多外国客户来中国的手续、流程也都越来越便捷。因此，有些人就利用这种便利的优势，随意拜访工厂、外贸员。

专业的外贸员心中不会有大小客户之分

外贸员要想成功地开发客户，让目标客户成为忠实客户，除了依靠专业性外，还应该表现出较高的职业素养，不将客户分级，不区别对待。对待每一位客户，都应尽自己最大的努力去满足他们的要求。

外贸新人会主观地将客户分成大客户和小客户，然后将自己的主要精力都分配给所谓的大客户。实际上，这种做法是十分不妥的。

在如今的外贸行业中，如果外贸员不具备基本的职业素养，还分门别类地对待客户，那么丢单就是必然的结果。专业的外贸员心中不会有大小客户之分，而只会想着自己的产品和服务能否让客户满意，能否满足客户的需求，能否拿下订单。

要想成功地开发客户，在对待客户时，外贸员应牢记以下三点。

1. 外贸员应具有职业素养

不论是大客户还是小客户，外贸员都应该全心全意地去跟进。如果我们已经对客户进行了分级，那么在对待客户时，我们肯定会采取不同的心态、不同的语气，很可能会给一些所谓的小客户留下不好的印象。

外贸员应该具备基本的职业素养，尽力为每一位客户提供优质的服务，而不是区别对待。

2. 大客户和小客户都会带来大订单

有些客户，可能为了试探我们的底价，刚开始会说自己的需求量很大，但在实际签单时，很可能会缩小订单量；而有些客户，为了稳妥起见，在刚开始接触时会说需求量不大，但很可能是在考察我们公司的实力，考验我们的业务水平与专业素质，如果我们用对待小客户的方法来对待他们，很可能会丢掉接下来的大订单。

3. 外贸市场是时刻变化的

外贸市场并不是一成不变的，在如今的外贸形势下，大客户的公司也可能会面临资源整合或者被并购的窘境，小客户的公司也可能快速发展，成为行业中的佼佼者。

所以，外贸员在对待客户时，不应有大小之分，而应该尽力满足客户的要求，让客户对你的产品和服务都感到满意。

外贸新认识

做外贸工作，最重要的就是客户。没有一个公司可以只依靠一个客户存活下去。因此，外贸员需要开发多位客户，更需要用心对待每一位客户。只有用心开发、接纳客户，客户才会有兴趣与你接触，你们才有合作的可能。

采集客户信息，发挥资料优势

客户的信息资料就是宝藏，但这并不是每个外贸员都能发掘、发现的。在与客户的沟通、相处中，外贸员应时刻留意客户的习惯，并将这些小信息整理统计出来，为接待客户做好准备。

很多外贸公司都有自己的客户管理软件，比如富通天下、恩特、神卓和畅想等。这些软件可以将客户的资料、邮件信息、采购信息等都统计出来，使原本很烦琐的工作变得简单，节约了外贸员大量的时间和精力。但也正因为有了这样便捷的软件，外贸员在整理客户信息时就不会像之前那般用心，也很少去分析客户，提取客户的信息。

而很多客户信息有助于我们跟踪客户，与客户进行谈判。因此，当外贸员开发、联系到了客户后，还需要建立一份客户信息采集表，将客户的个人信息都集中起来，比如客户的姓名、职位、手机号码、电话、传真，客户公司的名称、主页、联系地址、邮编等。

此外，在与客户进行邮件往来或电话沟通的过程中，或者看到客户的Facebook主页等，外贸员也会获悉客户的一些个人事情，比如兴趣爱好、饮食习惯等，这些信息也都要记录在客户信息表中。别看这些都是小信息，但发挥的作用不可小觑。比如，当你接待客户时，如果你了解对方的饮食习惯，就可以选择令对方满意的餐厅。

因此，外贸员在一开始联系客户时，就应该建立一份客户信息采集表，即使客户并没有确切地回复要与你合作，你也应该统计信息，因为有些客户并不是联系一次之后就确定合作的，有些客户可能问完报价就不再回复，有些客户可能谈到付款方式就不再回复。这些客户很可能持观望态度，也许在几个月、半年之后，客户就会联系你。因此，将这些获取的信息详细地整理出来，如果客户再次联系你，你就可以问客户是不是对报价不满意，或者是付款方式存在什么困难等。

当然，这并不是一项简单的工作，很多信息都是需要一点点积累，一点点获取的。外贸员可以在与客户接触的过程中逐渐完善这个表格。下面是一个表格模板，外贸员在建立客户信息采集表时可以参考。

表 2-1　客户信息采集表

姓名	
国籍	
职位	
手机号码	
电话传真	
公司名称	
公司地址	
公司主页网址	
公司电话	
邮编	

信仰	
家庭成员	
兴趣爱好	
习惯	
第一次联系时间	
谈论的主要产品及内容	
……	

当然，外贸员可以根据自己的习惯建立一个 Word 文档或者 Excel 表格，表格中的内容也可以针对不同的客户适当调整，只要这个信息表能够发挥其应有的功能即可。

对客户的信息分析到位，这样客户来访时，外贸员就可以做出较好的安排，令客户满意。

外贸新认识

制作客户信息采集表的目的是更了解客户，更好地接待客户。因此，这个表首先要具有功能性，信息要真实准确，自己用起来方便快捷，其次才是美观。切不可本末倒置。

用综合评价拿下前来考察的客户

> 客户拜访是考察一家公司综合实力的重要方式。在接待客户时，除了要让客户明确产品和价格外，还可以带客户参观工厂，让客户观看生产流程与工艺，用专业征服客户。当然，在接待细节方面做到贴心、到位，也能增强公司的综合竞争力，为成功合作奠定基础。

接待客户也是外贸工作中的重要环节，外贸员在接待客户时表现得专业，让客户觉得舒服自在，那么在与产品和价格都相差不大的竞争对手相比较时，就多了一个让客户选择的筹码。

客户来实地参观考察与通过网络、电话等沟通，最大的区别就在于客户可以更直观地看到产品的生产流程，以及车间生产状况、实验室的整洁度等，而且，接待人员的表现也会让客户对公司有一个更为直观的认识。因此，不论是在产品方面，还是在接待的细节方面，外贸员都应该做好充足的准备，为客户做好安排。

总的来说，在接待客户时，外贸员应做好以下安排。

1. 公司布置，展现公司实力

客户来拜访、参观，不仅仅是要实地查看产品，还有一部分原因是调查各个公司的综合实力，找到可以令自己放心的合作伙伴。因此，当客户参观公司时，应该将公司最好的一面展现给客户，比如员工都在积极地工作，车间运转正常，生产流程顺畅等。

2. 准备样品、资料等

很多客户在出发之前都会将自己需要的或者想看的样品、资料等告诉外贸员，外贸员需要提前将这些样品、资料准备好，当客户想看时就可以看到，而不需要再等待。准备样品要尽量多、资料要尽量全面，即使客户此次需要采购的物品种类比较少，外贸员也可以将与此产品相关的样品放到客户要参观的地方，如果时机合适，外贸员还可以趁机推销一番，为产品拓宽销路，促进双方再次合作。

注意，在准备这些样品、材料时，外贸员一定要慎之又慎，细致地检查，拿不准的可以请专业人士帮忙，切忌出现纰漏，给客户留下不好的印象。

另外，在向客户介绍这些产品时，外贸员可以顺势阐明与本公司合作的优势，比如产品的质量保障、售后服务等，即使你曾经在电话或者其他网络平台上对客户说过这个问题，面对面地交流也同样很有必要。

3. 保持车间、实验室的整洁

很多客户在考察时很注重车间、实验室的卫生，即使生产某些产品时，卫生条件的影响并不大，但是看到生产车间内、机器上落满灰尘，有些客户还是会毫不犹豫地取消与其合作。

保持车间、实验室的整洁，体现了一家公司的精神面貌。因此，在客户参观前，外贸员一定要做好清洁工作。当然，最好时刻都保持着作业环境的整洁。

4. 配备专业人员陪同客户

选择陪伴客户的人员十分重要。当谈论产品细节、生产技术等方面的内容时，外贸员可能对有些问题并不是很了解，无法及时地解决客户的疑问，此时就需要专业人员在场，比如产品经理、工程师等。关键是要让客户觉得本公司足够专业。

当然，如果有需要应配备相应的翻译人员，避免出现沟通不畅、理解有误等问题。

5. 做好细节安排

接待客户的细节安排主要包括时间、路线、所需的物品、人员等的安排。此时，客户信息采集表就可以发挥很大的作用。在客户出发前，外贸员应先问清要来拜访的人数、客户所乘坐的飞机班次，并与客户沟通饮食、住宿等方面的问题，以便做好接机安排，预定好合适的酒店等。

此外，考虑到客户行程的辛苦，在接机车或者酒店里也应该准备一些零食、饮料等，以免客户因为饥饿、口渴等而心情不悦，影响合作。

总之，在接待客户时，一定要先做好充足的准备，有计划、有目的地招待客户，但不要总想着结果，即使最后没有合作，也算是积累了经验。

外贸新认识

接待客户的确应该关注细节方面，但这只是在产品与价格之上的加分。如果产品和价格不符合客户的需求，那么你在细节方面做得再好也没用。外贸员切忌本末倒置。

高手支着：了解同行是外贸工作的一部分

> 闷着头做生意的外贸新手，丢单也找不出原因，成单也难以积累经验。究其原因，是他们没有走出去了解同行。外贸员要想做成一笔生意，除了要搞定客户外，还要了解自己的竞争对手，因为大多数情况下，客户没有选择你，就是选择了他们。

进入外贸行业一段时间，很多外贸员便会逐渐地认识到这样一个行业规则：外贸工作就是和客户打交道。但这个理解并不全面。因为在外贸工作中，除了客户，我们还要与同行争个高下，因此，了解同行也是外贸工作中不可缺少的一部分。了解同行，我们在介绍产品方面就更能突显优势，突出自己产品的卖点，为产品加分。在谈判时，我们也可以提出比对手更令客户无法拒绝的条件，进而更高效地促进成交。

当然，我们的同行兼竞争对手并不会直接将他们的产品信息透露给我们，反而还会对我们保密。那么，外贸员应该如何打探对方的信息呢？又该了解哪些信息呢？

一般来说，要探听同行的信息，外贸员可以尝试以下几种办法。

1. 登录对方的网站

登录对方的网站查询信息是有经验的外贸员常用的方式之一。一般来说，每家公司都会将自己的主打产品、主要优势在网站上体现出来，而这恰恰是其他公司的外贸员想要了解的内容。

在登录对方的网站后，外贸员可以记录这些信息，比如产品的特色、卖点，对方网站上没有的信息点等，并结合自己的产品，针对这些信息，进行重点宣传，以便使自己的产品脱颖而出。

总而言之，浏览对方的网站，除了要观察我们的竞争对手在着力宣传哪些卖点外，更要观察他们忽略了哪些内容。

2. 搜索对方的信息

除了在对方网站上了解他们的产品信息外，外贸员还可以直接在搜索引擎上进行搜索，比如搜索竞争对手的公司名称，搜索相应的同类产品等，看看对方是如何做宣传的。如果有条件，外贸员也可以调查下这些宣传手段的力度如何，宣传效果如何，为自己产品的宣传做好前期的调研工作。

当然，很多时候，我们通过这种搜索方式得到的信息都是表面的，如果想要获得更深入的信息，还需要有其他的办法。

3. 套取对方的信息

所谓套取对方的信息，有两种办法。一是以采购商的身份跟对方交流，直接询问对方的价格、产品特点等。采用这种办法时，外贸员一定要注意说话的语气，以免交谈中露出马脚。还要注意，不要问完了价格就再也不回复了，也可以适当地砍砍价，让对方发产品资料等。

二是以私人名义跟对方谈业务，告诉对方这笔生意要以私人的名义做，让对方拿出一个差不多的交易条件等。

当然，这两种办法都需要外贸员具备一定的心理素质，而且不应频繁使用。

还要注意，不仅你会采用这种办法"探听敌情"，竞争对手同样也会利用这个办法来对付你。所以，在不是完全了解客户时，无论是产品报价还是参数资料等，外贸员在发给他人时都要慎重。

4. 从行业交流中获取信息

行业间的内部交流可以让我们从宏观上对这个行业有一个认识，而且，在行业交流会上，我们也可以通过友好的交流获取同行的信息，包括我们的竞争对手。但要注意，在行业交流会中获取的信息并不能完全相信，这很可能是竞争对手给我们放的一个烟幕弹。

当今时代，闭门造车式的方式早就已经过时了，如果外贸员不去了解同行的情况，而只局限在自己所理解的小圈子内，那么就很难赢得这场竞争。

■ 外贸新认识

职场如战场，外贸工作也不例外。外贸员除了要具备专业的素质外，还要做到了解同行，找到对方的弱点，进而找到自己的核心竞争力。

第三章
外贸信也需"美容"，有内涵的
邮件是最佳助攻

在外贸工作中，写邮件是不可避免的一件事，而且，邮件也是开发客户的有效手段之一。写好一封邮件对我们的工作有着积极的影响。

在写邮件时，怎么写才能让自己的邮件脱颖而出，让客户在看过邮件后联系自己呢？邮件除了要有好的标题、内容、措辞外，还要注意格式，能让客户看得清楚，看得舒服。而要做到这些，就需要一定的技巧与实力。

做外贸工作为什么要写邮件

> 写邮件可以帮助外贸员开发客户，是高效开发客户的方式之一。邮件可以将公司信息、产品信息以正式、不打扰客户的方式发给客户，让客户有思考与选择的空间。

做外贸工作需要写邮件，这几乎是每个外贸人都认同的事实，但是很多外贸新手对此还存有疑惑：难道邮件真的有这么重要吗？开发客户的方法有很多，为什么要写邮件呢？

确实，开发客户有多种方法，但是写邮件不论是在开发客户还是在外贸谈判环节中，都具有独特的优势。

写邮件的优势主要体现在以下五个方面。

1. 写邮件更正式

在外贸工作中，买卖双方的信任感并不是从一开始就建立的，而邮件这种"白纸黑字"的表现形式，增加了双方的契约感，有助于双方建立信任感。写邮件比当面拜访、电话交流都显得更正式，更具有约束力与说服力。

2. 写邮件是有礼貌的客户开发方式

任何一种开发方式，对客户来说都是一种打扰，而写邮件可以将这种打扰所带来的影响最小化。

　　不论是电话交流，还是当面拜访，客户都需要及时对我们的行为给予一定的回应，虽然外贸员已经将公司的情况、产品的情况都详细地向客户做了介绍，但客户很可能听得云里雾里。由于没有事先调查，他们也无法立刻做出决定。

　　而发邮件，可以让客户有更多的选择权，他们可以选择在合适的时间回复邮件，当然也可以选择不回复。如果客户没有回复，那就需要外贸员继续跟踪记录。

　　3. 邮件囊括的信息更全面

　　不论向客户介绍哪些内容，邮件都能将这些内容全面而直观地展示给客户。而且，我们在写邮件时也不必急于一时，可以将产品的特点、亮点等细细研究之后再将邮件发给客户。如果发现邮件中有哪些遗漏的、不全面的内容，我们也可以及时补上。因此，在信息的完善性方面，邮件也有着独特的优势。

　　4. 邮件可以辅助面对面的沟通

　　在面对面的沟通中，客户可能会遗忘某些重要的问题，外贸员也可能会忽视产品的某些重要参数，或者双方当时都无法确定是否可以接受对方的要求，这时邮件就可以发挥作用了。在面谈过后，外贸员可以将这次达成一致的结论总结出来，并对没有做出回答的、令自己或客户为难的问题进行针对性的说明，从而使沟通的效果更进一步。

　　而且，通过邮件来进行整理，既能提醒客户与你之间存在着某种隐形的契约关系，又可以突显出你的专业化与职业化。

　　5. 写邮件可以保护外贸员的尊严

　　外贸员几乎每天都会遭到客户的拒绝，不论多么资深的外贸员，在遭到客户的拒绝后心里都不会好受，而那些外贸新手则会觉得更受打击，没面子。而写邮件则可以在一定程度上保护外贸员的自尊，让外贸员不必看到客户冷漠的表情，也不必听到客户生硬的拒绝声音。毕竟大多数人在接到推销电话后，都不会心平气和地挂掉；在遇到推销人员拜访时，也不会有什么好的态度。

总之，写邮件对于外贸员和客户来说都是一件比较便利的事情，不会给双方带来太多的麻烦。但是写邮件同样也有弊端，就像我们之前所说的，客户可能不会回复你的邮件，也有可能因为你的邮件写得不好而丢失客户。因此，我们接下来就来探讨如何写好邮件。

外贸新认识

写邮件是帮助外贸员开发客户的一种方式，这种方式有其独特的优势，但并不代表这就是开发客户的最好方式。针对不同的客户，外贸员还需要根据他们的性格特点，采取相应的跟进方式。

写好标题，让你的邮件脱颖而出

> 客户看到一封邮件后，最先看到的便是邮件标题，因此，外贸员在邮件标题上一定要下功夫。写好一封邮件的标题，也会提高客户的点击率，让外贸员赢在起跑线上。

很多外贸员在发送出邮件之后就会陷入苦苦的等待之中，客户久久不回复，外贸员也不知道自己下一步该如何做。其实，一封邮件的标题和内容的好坏都会影响客户是否回复，甚至有些邮件，客户可能只看了标题就直接将其丢到垃圾箱了。

一般来说，一封邮件在成功发送到客户邮箱里后，会经历这样一个过程：

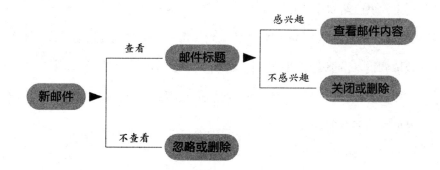

　　由此可见，一封邮件的标题在很大程度上决定了客户是否会查看这封邮件，只有标题具备了吸引力，客户才有看的欲望。因此，要写出一封好的邮件，我们首先要写好标题。

　　那么，如何才能写好一封邮件的标题呢？一般来说，一封邮件的标题要具备简洁明了、主题明确和及时更新这三个特征。

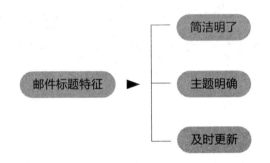

1. 简洁明了

　　邮件标题一定要简洁明了，让客户一目了然。如果标题太长，不仅客户看不过来，还占用你的时间。

　　请看下面这两封邮件标题：

　　◎ New design gifts you may need.（你也许对新款设计礼品有需求。）

　　◎ China best gifts wholesaler provide new design gifts.（中国最好的礼品批发商供应新款设计礼品。）

　　对比这两个标题，我们就能感觉到，第一个标题很简洁易懂，一眼就能获取到信息，而第二个标题则略显啰唆。因此，外贸员在撰写邮件标题时，一定要注意精简，力争让客户看一眼就能获取到信息，而不需要耗费太多的时间去理解标题。

2. 主题明确

　　标题的一个作用就是"简而言之"，总结邮件的大概内容，因此，标题需要主题明确，突出重点。

外贸员在与客户收发邮件的过程中，会就某些问题进行反复交流，而这些交流的主旨可以在标题上标注出来。外贸员可以根据谈论的实际内容，以价格、规模、交货期、最新款产品等方面作为切入点。

比如下面这两个标题：

◎ Quotation to gifts.（礼品报价单。）

◎ Gifts price and details List has sent you an inquiry.（礼品价格和细节清单已经发给您了。）

第一个标题主题明确，直指报价单；第二个标题则略显冗长啰唆，主题不够明确。

因此，外贸员在写标题时应该注意明确主题，突出重点，将需要与客户沟通的事情主题在标题上写出来。

常见的标题格式有：Quotation to ××（报价阶段）、Samples of ××（样品阶段）、Delivery leading time of ××（交货期）、Payment terms（付款方式）。

3. 及时更新

随着双方回复邮件次数的增多，标题也会变得冗长，逐渐变成"Re：Re：Fw：Re：Re：Re：Re：Re：Payment term for 10pcs samples（10%样品的付款方式）"，此时，及时更新标题，删除标题的前缀也是很有必要的。

例如下面这两个标题：

◎ Price down for all gifts.（所有的礼品降价。）

◎ Re：Re：Fw：Re：Re：Re：Re：Re：Price down for all gifts.

这两个标题，虽然讲的是同一件事情，但是客户在看第二个标题时就需要花费一些时间才能看到主题。而且，随着谈论问题的深入，双方之间谈论的问题就不仅仅局限在报价、砍价、重新报价等方面，还会涉及确认样单、交货期，商量付款方式等。因此，外贸员需要根据双方谈论的具体内容来更新邮件的标题，让客户在接收到邮件时，只通过标题就能明确谈论的主旨。

及时更新标题还有一个好处，当双方需要查阅某些资料时，可以通过标题快速地找到，而不必每个文档都打开，从而可以提升工作效率。

有时候，客户会在一封邮件中提出多个问题，比如报价、最小起订量、产品参数等，希望外贸员能给予解答。如果外贸员在一封邮件中回复了多个问题，那么不仅在撰写标题方面有困难，以后查找起来也不太容易。因此，对于这样的邮件，外贸员可以回复多封邮件，将每一个主题作为一封邮件的标题。

总之，邮件标题的作用是让客户有兴趣打开邮件，查看邮件的内容，因此，外贸员在撰写邮件标题时也应把握客户的心理，考虑对方关心的是什么，对方在意哪些方面的信息等，你的邮件吸引了客户的眼球，抓住了客户的心理，那点击率自然就会上升。

外贸新认识

写邮件标题与写一篇新闻、公众号文章的标题一样，首先需要做到吸引人。标题只有具备了吸引力，才能驱使客户打开邮件，阅读邮件里面的内容。所以，外贸员也可以努力写出"网红式"的标题，吸引客户为你买单。当然，除了要写好邮件标题，外贸员也应写好邮件的正文，毕竟外贸员的终极目标是成交，而不是追求客户的点击率。

设计邮件形式，令客户印象深刻

　　一封好的邮件不仅要有吸引人的标题，还要注重邮件的整体形式。邮件作为信息的载体，其作用是将外贸员想要表达的内容传达给客户，因此，邮件写得清晰、美观就尤为重要。

　　对于外贸人来说，一封好的邮件不必像写文章一样辞藻华丽，但应有清晰的结构、精简的内容，这样客户在打开邮件后才会有继续读下去的欲望，不会因为没有耐心而关掉邮件页面。

　　一般来说，一封好的邮件，在形式上都能做到格式美观、内容精简和重点突出三点。

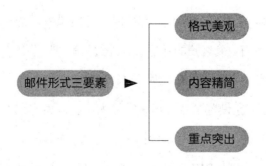

1. 格式美观

我们都知道在与人交往时，要给对方留下一个良好的第一印象，而着装整洁、打扮得体等就会成为我们的加分项。其实，邮件也一样，客户在打开邮件的那一刻，首先注意到的并不是某一句话或者某个单词，而是邮件的整体格式与布局。因此，外贸员在写邮件的正文时首先应该注意邮件的格式要美观，布局要合理。

有些外贸员觉得只要内容有价值，格式无关紧要，其实不然。举一个简单的例子，有两篇作文，文笔都很不错，创意也都很新颖，区别就是，一篇作文写得很工整，句与句之间、段落之间都能一目了然，而另一篇作文则字迹潦草，通篇一个段落下来，偶尔还有写错涂抹的部分。那么毫无疑问，第一篇作文会胜出。

同样地，外贸员在联系客户时，客户手中并非只有你一家供应商，他们也会进行多番比较。所以，外贸员应该尽自己的努力将能拿到的分都拿到，为自己争取入围的机会。

那么，什么样的格式才算得上是美观的呢？其实，要做到美观并不难，虽然美观只是一个主观感受，但只要我们能让客户看得清晰、看得舒服就可以了。因此，在写邮件时，外贸员要注意以下几点。

（1）字体。在初次给客户发邮件时，外贸员可以选择用看起来比较舒服的字体，但当收到客户的邮件后，外贸员就可以改用客户所使用的字体，这样客户看起来会觉得很习惯、很舒服。

（2）字号。在设置字号时切忌字号太小，以免客户看不清。字号设置与字体设置一样，外贸员可以根据客户的习惯来调整。

（3）空行。当邮件中的内容较多时，有空行读起来会更方便、更顺利，不会出现串行的情况。而且，空行也会给邮件增添一份美感。

外贸员应在编辑完一封邮件后，习惯性地将这些都设置好。

2. 内容精简

很多外贸员在写邮件时都会尽可能多地将公司信息、产品信息介绍出来，看起来多而全，但是没有重点，客户往往看了很多，还是找不到要点，找不出这款产品的价值。

其实，很多客户想看的只是一个结果，因此，外贸员只需要将重要的信息写出来，让客户一目了然就可以了。比如一封报价的邮件，外贸员只需要将产品的属性、价格、包装、最小起订量、付款方式、交货期等信息按照一定的格式写出来就可以了。例如：

Dear Tom,

Thanks for your inquiry for ××.（感谢您对某种产品的询问。）

Please find the quotation as follows（报价如下）：

Item（产品型号 / 批次）：××

Specification（属性）：××××

Price（价格）：××××

Package（包装）：××××

MOQ（最小起订量）：××××

Payment（付款方式）：××××

Leading time（交货期）：××××

Looking forward to your reply.（期待您的回复。）

Joe

3. 重点突出

在精简了内容后，邮件看起来也会比较整齐。但是有些产品的工艺、流程等比较复杂，当客户比较看重这些时，外贸员就无法再省略，但在写邮件时还应能让客户捕捉到关键点。此时，外贸员就可以通过一些细节方面的调整来设置，比如，将关键词句换一种字体或者加粗、描红显示等，给客户一个良好的阅读体验。

总之，邮件的形式要看起来美观、清晰，给客户一个良好的视觉体验，让客户阅读起来顺畅无障碍，并保证内容精简、重点突出，帮助客户标记出重点，让客户因为一封邮件而对你刮目相看。

外贸新认识

不论是给客户发邮件介绍产品的信息，还是与客户讨价还价，抑或是解决客户的疑惑，这都需要外贸员具备一定的专业素质，对自己所要推销的产品有深入的认识。因此，外贸员既要掌握写邮件的技巧，又要逐步提升自己的专业能力。

把握邮件措辞，与客户保持良好沟通

> 生意并不是一次做不成，下次就没机会了；客户的选择并不是从一而终的。在为客户服务时，面对客户的拒绝、抱怨，外贸员都可以用一封邮件来显示出自己专业、有修养的一面，让对方与你即使做不成生意，也能交个朋友。

对于外贸员来说，与客户沟通，邮件占了很大的一部分，因此，外贸员也应注重写邮件时的文字、节奏与语气，尽可能地与客户保持良好的沟通。

1. 文字要体现礼貌与修养

说话是一门艺术，写邮件同样是一门艺术。与客户的往来邮件不仅包括可能促成合作的交流，还可能会出现客户拒绝合作、抱怨外贸员的服务令他不满意等情况。

在收到客户拒绝合作的邮件后，有些外贸员可能会直接将此类客户排除在外，将他们看作不可能合作的对象。其实这种做法是十分不恰当的。要知道，客户这一次拒绝了你，并不代表下一次不会与你合作，而与客户保持良好的沟通与联系，则有助于开启下一次交流的契机。

因此，对于此类客户，外贸员在回复邮件时可以遵循以下三个步骤：

（1）肯定对方的选择。例如：I fully understand your idea of cooperation with ...（我完全理解你……）

（2）希望有机会合作。例如：But we hope you can think more about cooperating with us. As for your requirements for the product, we can handle these well.（但我们希望你能考虑与我们合作。你对产品方面的问题，我们都能处理得很好。）

（3）希望能与对方随时保持联系。例如：We can always keep in touch.If you need anything, you can contact me whenever you want.（如果你有什么需要，可以随时联系我。）

在收到客户抱怨服务质量的邮件时，有些外贸员可能会在回复邮件时否认，并坚决地表明自己的服务没问题，是其他环节出了差错等。这种做法是不恰当的。虽然很可能是客户冤枉了你，但不论是你的问题，还是工厂的问题，对于客户来说，这都是你没有安排好，没有尽到责任。因此，当客户对你的服务不满，向你抱怨时，你也应该表现出良好的修养，积极地去帮助客户处理问题。

在回复这类邮件时，外贸员可以按照以下步骤来写：

（1）感谢客户指出问题。例如：Thank you for pointing out the mistakes.（谢谢你指出错误。）

（2）表示抱歉，解释为什么会这样。比如工厂任务较多、时间比较赶，或者不经意的疏忽等，并主动承担责任，下决心不让此类事件重演。例如：I'm sorry this happened. Recently, although the factory has a lot of heavy work to do, we are also responsible for this problem. In the future, we will review the issue to ensure that it does not happen again.（发生这样的事我感到非常抱歉。虽然工厂最近有很多繁重的工作要做，但我们也有责任。今后我们会反思这个

问题，确保不再发生。）

（3）再次感谢客户的建议。例如：Thank you for your honesty and trust. I hope we can continue our cooperation happily.（谢谢你的坦诚和信任。希望我们能继续合作。）

2. 掌控收发邮件的节奏

不论是主动给客户发邮件，还是回复客户的邮件，都要有一定的节奏，不要客户刚一有点儿消息，你就迫不及待地回复对方，更不能在客户有疑问需要解答时，故意晾着对方，对客户的消息置之不理。

一般来说，在刚开发客户的阶段，给客户发邮件时节奏要慢一些，不要总是连续不断地发，也不要在邮件中催促客户尽早做决定，而应该给予客户充足的考虑时间，让客户自己做决定。在这个时候，即使你催促客户，客户也不会快速地做选择，而会在仔细考量过后再做决定。而且，如果外贸员此时频繁联系客户，很可能令客户感到厌烦，被客户拉进黑名单。

当客户确定采购你的产品，进入到下单的阶段时，外贸员则要时刻处于"待机"状态，及时消除客户的疑虑，及时有效地满足客户的需求，进而趁热打铁，促使客户下单。

在付款阶段，外贸员则需要有一定的耐心，放慢发送邮件的节奏，不要总是催促客户，而应该给客户一段时间，让客户有足够的时间整理产品资料、合同等，不要因为客户没有付款而把客户看成骗子。

当然，不论是在哪个阶段，外贸员写的邮件都应该体现出专业性，让客户可以信任你。

3. 调整邮件写作的语气

提到要注意邮件的文字、回复节奏，大多数外贸员都表示可以理解，但是一提到语气，很多外贸员会感到很疑惑：这也不是打电话，也不是面对面交谈，怎么还涉及语气呢？

举个简单的例子，当在微信上给他人发文字消息时，面对不同的沟通主体，我们的语气也会跟着变化。比如，当给家人发消息时，我们的语气会很亲昵，句子末尾会加上一些"啊""呀"之类的感叹词；当给熟悉的同学或朋友发消息时，我们的语气会显得很轻松，甚至连一句话都可以拆成好几条消息来发；而在给领导或同事发消息时，我们的语气会变得正式、刻板一些，会加上"请""您""麻烦了"之类的词汇。

外贸员在与客户沟通时，客户也可以在句子的语气上读出外贸员的内心想法。如果外贸员表现得唯唯诺诺，在语气中表现出弱势的一面，客户就可能会变得很强势，不断地给外贸员施压，要求外贸员满足自己的各种条件；而如果外贸员表现得很强势，又会伤了客户的自尊，影响拿到订单。所以，以一种不卑不亢的语气去处理邮件，拿捏好写邮件的分寸，让客户看到外贸员专业的一面，既有助于拿下订单，又有助于与客户建立平等和谐的关系，保持良好的沟通。

📋 外贸新认识

在外贸工作中，外贸员要逐渐形成自己的节奏，不要完全被客户带着走。另外，不论客户是否决定与我们合作，外贸员都应该坦然接受，试着去理解客户，用措辞得体的邮件展现自己的良好修养与风度。

怎么回复客户的邮件最有效

面对客户的询盘、质疑、抱怨、问责等，外贸员还要回复一封甚至多封有效的邮件，以消除客户的种种怀疑。但回复邮件并不是一件简单的工作，外贸员需要将邮件写得有可读性，既能让客户信服，又不致引起客户的反感。

在收到客户的邮件后，什么时候回复、怎样回复才最有效，能让客户记住或者产生好感呢？这个问题令很多外贸员都感到疑惑。回复客户的邮件也能显示出外贸员的专业程度。在回复客户的邮件时，外贸员除了要注重措辞、节奏等，还需要在邮件的内容上下功夫。只有你的内容有可读性、有价值，客户才会选择与你进行深入交流。

一封有可读性的邮件应该做到准确、合理、专业这三点。

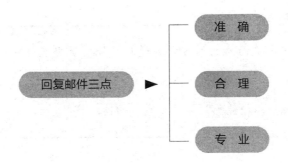

1. 准确：摆事实，用数据说话

在回复客户的邮件时，很多外贸员会注重写邮件时的说话技巧，但容易忽视邮件中最本质的内容，往往是把自己的主观观点传达给客户，缺少有力的论证，以致难以让客户信服。尤其是很多西方国家的客户，他们更看重定量的分析，而不是外贸员的总结与主观看法。

因此，外贸员在回复客户的邮件时，除了要表达出自己的想法外，还要将得出这个想法的依据列出来，用事实数据来说服客户。比如，当客户说产品质量不达标、克重不足时，外贸员可以对产品进行抽检，并将抽检结果用图表的形式呈现出来，让客户可以直观地看到；当客户说产品价格过高时，外贸员可以说明一下价格贵的原因，比如受汇率变化的影响，并将汇率链接或者截图写到邮件中。这样客户会觉得这个外贸员很细心、负责任，也就会慢慢地对外贸员产生信任。

2. 合理：先稳住客户的情绪，再解决问题

在沟通的过程中，客户有些疑问、投诉等是很正常的，当客户出现这些负面情绪时，外贸员在邮件中首先要稳住客户的情绪，第一时间回复客户，让客户冷静下来，然后再与客户讨论问题的解决办法。

如果外贸员直接向客户介绍解决办法，虽然很高效，但客户在气头上未必会领情。

小技巧

与充满负面情绪的客户沟通时，外贸员更应该注意措辞。在使用称谓时，要多用"我们"，而不是"我"，以表达对客户的重视，以便能更好地平复客户的情绪。

3. 专业：具体邮件具体分析，不能生搬硬套

一封邮件到底要怎么回？这个问题就好像是学生在问老师一篇作文要怎么写。老师不会告诉学生一篇作文的每句话要怎么写，而只会告诉学生一个大概的写作思路或者整体的框架。

写外贸邮件也是如此，我们所分享的写作技巧，也是从大的方向、整体的原则上来说的，而并没有明确地说明每一句话应该如何写、如何回复，这是没有标准答案的。最好的办法就是因地制宜，对具体的邮件进行具体分析，而不是生搬硬套。

要明确应该如何具体地回复一封邮件，外贸员就要弄清楚这几点：客户来自哪个国家，客户公司的背景怎样，客户公司是否有主页，客户信息是在哪里找到的，客户是如何联系上我的（我是否给客户发过邮件）等。可以说，外贸员对客户的信息了解得越多，在回复邮件时便会越有针对性，也越能抓住客户的痛点，从而吸引客户。

外贸新认识

写邮件不是以字数的多少来取胜，也不是以你的礼貌客气而抓住客户，这些都是辅助的标准，如果做得好，自然可以为你的成交加分。但重要的是，邮件一定要写得有价值，能够让客户对我们产生信任感。

这些小细节，为你的邮件加分

> 在写发邮件时注重一些细节方面的技巧运用，同样会为我们的邮件提高点击率，为邮件的整体水平加分。

在写发邮件时，注重一些小细节，会提高客户的点击率，让我们的邮件不再石沉大海。

这些小细节包括以下几点：

1. 邮件发送的时间

邮件发送的时间往往会影响客户点开邮件的概率，这个很好理解。当客户很繁忙时，他们自然无暇顾及我们的邮件，而只有当客户不那么忙，将手头的工作处理得差不多时，他们才有时间、有精力去看我们的邮件。

一般来说，周一通常都是上班族最繁忙的时候，很多客户都要处理上周没做完的一些事情，或是周末出现的问题等，而且很多公司会在周一开例会，安排接下来一周的工作；而周五是总结工作的时候，也是客户准备放松的时候，客户也很少愿意在这个时候去开发新的合作伙伴。所以，选择在周二、周三、周四发邮件是不错的时间。

另外，考虑到不同地区的时差，外贸员发送邮件的时间点选择也可以进行设计，比如欧美、南美等地区的客户，可以在北京时间的下午 3 ~ 5

点发邮件，这样客户一上班就能看到我们的邮件了。

2. 邮件中要少配图

在邮件中配图可以给客户更直观的感受，但若是第一次联系客户，或者与客户的联系并不紧密，那么配图就是一种十分愚蠢的选择。因为邮件中带有图片，客户就需要更多的时间去缓冲、下载，没有耐心的客户很可能会在还未缓冲完成就关闭了页面。

而且，如果邮件中含有格式较大的图片，很容易被系统自动屏蔽，甚至将这封邮件列为垃圾邮件，反而会影响客户看到。

小技巧

开发客户的邮件中最好不要加入太多的链接，链接过多，容易被邮件系统判定为垃圾邮件。

3. 附件要有针对性

在客户询价时，很多外贸员会直接将一份完整的价格表发给客户，其实是没必要的。在利用附件发送价格表时，附件过大，不仅会占用很大的空间，还会影响客户的打开速度。外贸员应该在对客户及其需求的产品有一定的了解后，再有针对性地给客户发一份价格表，这样客户既会觉得你很专业，又不用在众多的信息中再去挑选自己感兴趣的、适合自己的。

外贸新认识

在写邮件时我们要多注意细节问题。做好细节，提高邮件被点击的概率，就多一分成交的机会。

高手支着：一封合格的邮件要注意这几点

要写出一封合格的邮件，外贸员除了要遵循一些技巧方法外，还需要格外注意一些问题，不要让这些小问题变成影响成交的大问题。

外贸员给客户发的邮件大多是推销的性质，目的是让客户与其合作，购买他们的产品。因此，外贸员在写邮件时就更要注意推销意图不能太明显，否则极易让客户产生反感。

一封合格的邮件会帮助我们开发出新的客户，会让客户对我们的产品产生兴趣，甚至因此成交。所以，在写邮件时，外贸员一定要注意不要让你的邮件变成垃圾邮件，更不要因为一封邮件而让客户对你失去好感与信任。

一般来说，在写邮件时，外贸员要注意以下几点。

1. 切忌夸张标题

标题在邮件中确实是很重要的，很多外贸员也意识到了这一点，于是便不惜以夸张的方式去写标题，意图刺激客户点开邮件，比如在邮件标题中写"Free sample（免费的样品）""Urgent（迫切的）"等词，客户乍一看确实会觉得很有吸引力，但是当他们打开邮件后，看到内容与标题相距甚远，就会产生一种被骗的感觉，甚至会因此屏蔽这个账号的信息。

我们的目的是让客户认可我们，进而购买我们的产品，仅仅让客户有打开邮件的欲望是远远不够的。所以，外贸员一定要避免使用这类夸张的标题，以免因此而得罪了客户。

2. 切忌过多介绍自己

有些外贸员在邮件开头语中会过多地介绍自己，且不说这会浪费客户的时间，还会让客户觉得这个外贸员不够专业。而这个第一印象受到了影响，要让客户改变看法就比较困难了。

外贸员一定要记住，我们写邮件的目的不是推销我们自己，而是推销产品。所以，一定不要过分地介绍自己，客户不会对这些产生兴趣。只有你的产品先过关了，客户才会注意到你。

3. 切忌过分渲染产品

产品的品质如何，即使外贸员不向客户介绍，客户心中也会有一个大概的评价，毕竟客户大多是行业内经验丰富的买家。因此，外贸员切忌过分渲染产品，不要言过其实，以免给客户留下不值得信任的印象。

一般来说，在介绍产品时，外贸员的主要职责是将这款产品的卖点或不同于其他产品的地方提炼出来，让客户了解这款产品的特质，并因为这个特质而产生购买欲望。

当然，要因此而提高成交率，就需要外贸员提前了解客户的需求，找准客户的关注点，进而将产品的特质与客户的关注点相结合。

4. 切忌报价太高或太低

在利用邮件向客户报价时，所报的价格一定要与市场行情相结合，不应太高，也不应太低。

报价太高，客户可能会被你吓跑；报价太低，客户会觉得你的产品有问题。不论报价的高低，你在客户心中都会留下不够专业、不懂行情的印象。因此，外贸员在报价时，一定要先了解清楚，尤其是对新产品，需要先了解市场行情，然后再向客户报价。

5. 避免使用敏感字眼

含有敏感字眼、推销性质很明显的邮件，通常会被系统过滤掉，直接进入垃圾箱，或者直接被拒收，比如含有"best price（价格最低）""top quality（质量顶级）"等字眼的邮件。因此，外贸员在写邮件时要注意避开这些敏感字眼，以免邮件被系统拦截。

总之，要写好一封邮件，除了要按照一些特定的格式、流程、措辞来写外，外贸员还要注意不要挑战客户的底线，要避免出现一些大的失误。要知道，赢得了客户的认可，外贸员才有机会与客户合作，完成订单。

外贸新认识

给客户发邮件、联系客户都是辅助我们成交的手段，这些都是为了最终可能的成交服务的。外贸员在工作中不要搞错了重点，不要为了让客户点开邮件而惹恼了客户，否则就与初衷背道而驰了。

第四章
差异化营销产品，打开贸易宣传新思路

————————————————————▶

　　做外贸工作，产品的营销宣传同样很重要。但是令很多外贸员感到头疼的是，在产品同质化越来越严重的当今市场环境中，他们无法找到自己产品的优势，无法很好地宣传自己的产品。

　　其实，在这种行业背景下，外贸员更应该找准客户，注重差异化营销，找出自己产品的独特卖点，打开产品宣传的新思路，而不是一味跟随别人的脚步，总是与别人争抢同一拨客户。

为什么你的宣传没效果

> 宣传就像是"炒作"，如果你的炒作没有流量，没有引起别人的关注，没有给你带来客户，那么就是失败的。宣传失败的原因有很多，外贸员尽自己的努力去减少这些失误，客户联系你的概率自然就会增加。

营销工作在如今信息共享的时代显得越来越重要，做外贸工作同样也需要营销宣传，需要将自己的产品推广出去，让更多的客户看到。但是，很多外贸公司虽然在营销宣传方面投入了时间和金钱，收到的效果却并不如意，成交量也是少之又少。要想提高成交量，外贸员就要找出原因，对症下药。

一般来说，宣传没效果，可能是由于以下原因。

1. 宣传排名不理想

营销宣传已经做了，但是收到的询盘很少，到底是产品不够吸引人，还是宣传没有做到位呢？要想弄清楚这个问题，外贸员可以搜索一下自己公司所做的宣传。看看这些宣传排在什么位置，是不是能够被客户搜索到。如果宣传排位很靠后，那么大多数客户自然就看不到了。

要想营销宣传做到位，找专业的团队去做往往会比本公司的人去做更有效，当然，找专业的团队做需要支付一定的费用。

2. 关键信息填错

宣传页面的联系方式等关键信息填写错误时，会导致白宣传。客户无法联系到外贸员，外贸员自然也就无法接单。

很多外贸员都会觉得这是不可能的事，是不会出现的，毕竟宣传的目的就是把自己的产品推销出去，让客户联系自己，又有谁会忘记写联系方式，或者写错呢？但实际上，出现这种情况的不在少数。有些公司为了省事，直接将网站或者宣传工作委托给网络公司，而网络公司未必全都那么细心，很可能因写错一个数字或者字母而导致客户将询盘文件发送到错误的邮箱中。

因此，不论是自己公司做宣传，还是委托网络公司帮忙做宣传，外贸员都要检查宣传页面，以免白白为他人牵线搭桥，丢失了客户。

3. 关键词设置错误

在选择产品关键词方面，很多外贸员为了追求流量会选用行业关键词，但这并非是某款产品的特点。而且，选用行业关键词，虽然会提高搜索展示出来的概率，但客户同时也会看到其他此类产品，因此，想要脱颖而出就比较困难。

此外，行业关键词缺少针对性，很多真正有需求的客户会针对自己需求的产品去搜索，根据产品的特点选择合作商。如果没有找准关键词，那就很可能无法被真正的有效客户搜索到。

所以，找准产品的关键词，在关键词上不盲从、不跟风，才更有可能跳脱出行业的这张大网，被真正的客户找到。

4. 产品描述不到位

客户在看到你的宣传页面后，往往会对产品形成一个初步印象。如果你的产品介绍在宣传页面毫无特点，不够详细，那么客户就可能还没联系你，就已觉得对产品不感兴趣了，你的产品不是他的目的产品。

因此，外贸员应该对产品的描述多下些功夫，不要因为描述不合适、不够详细，就把潜在客户赶走。在宣传页面描述产品时，可以将产品的主要特点在页面上用简短的几句话叙述出来，然后用图文结合的方式进行详细的介绍，便于客户进一步了解，也是帮助外贸员找到有效客户、促成成交的方式之一。

外贸新认识

有效的宣传会带来流量和询盘。如果宣传不到位，那么客户就可能无从找到你的产品信息，无法获取你的联系方式。

差异化营销，到底应该怎样做

> 差异化营销不是一拍脑门就出现的想法，而是经过了对客户和市场的分析之后所做的综合性判断。在当今同质化产品的浪潮中，要做好差异化营销，就要具有市场思维，塑造出差异化的价值。

在产品同质化发展日益严重的今天，各行各业的人都喊出了"差异化营销"的口号，外贸工作者自然也不例外。但是，你真的知道什么是差异化营销吗？难道仅仅是跟别人的产品不一样、有区别吗？你的竞争对手的产品的颜色是白色的，你为了跟对方不一样，有所区别，于是便将产品的颜色调整为红色的，这便是你所谓的差异化营销吗？

我们不能为了差异化而差异化。对于上述改变颜色的方式，营销的关键在于你调整后的颜色对于客户来说是否会产生附加价值。如果客户对产品的颜色并不是很看重，或者觉得根本无关紧要，那你所谓的差异化其实对客户来说与其他产品并无区别，他们不会因为你的颜色特殊而选择你的产品。所以说，差异化的要点并不在于你和竞争对手到底有哪些不同，而在于这个不同究竟能够给客户带来什么样的价值。

所谓的差异化营销，有两点核心要素：一是我们能否在市场中筛选出目标客户群体，将属于自己的客户群体区分开来，也就是市场端差异化；

二是在市场细分的基础上，我们能否开发出不同的价值组合方案，给客户塑造差异化价值，将自己和竞争对手在客户心中区别开来，也就是所谓的客户端差异化。

由此可见，要做好差异化营销，我们需要找准定位，既需要找准客户的定位，即将那些与我们的核心竞争力相匹配的客户作为重点的目标客户，将时间、精力、资源等都放到这些目标客户上，而不必想着去满足所有的客户；又需要确定好自己在行业中的位置，是作为工厂还是外贸公司，希望给客户留下一个什么样的印象。

那么，外贸员应该如何做好差异化营销呢？

美国营销学学者杰罗姆·麦卡锡教授在 20 世纪 60 年代提出了营销学中的 4P 理论，即产品（Product）、价格（Price）、渠道（Place）、促销（Promotion）。在外贸营销工作中，我们可以从客户价值的角度出发，来应用这个理论指导我们的营销工作。

一般来说，要做好差异化营销工作，我们可以按照以下四个流程来进行分析思考。

1. 确定客户的买点

买点，是指客户购买的理由，在购买产品时产生的想法和标准，也就是心理预期，即要购买的产品应该是什么价位、什么质量、什么包装等。

外贸员首先需要了解客户都有哪些买点，客户想要达到什么样的目的，想要解决什么样的问题，客户关注的到底是什么，是想与知名品牌合作，还是更关注产品的质量，是对产品的效用感兴趣还是更注重服务……

2. 买点的重要性排序

一般来说，对某一款产品，客户并不会只关注其中的一两个买点，客户通常会进行全盘考虑。而且在客户心中，他们的关注点会有不同的重要性排序。

而外贸员要做的，就是从与客户的沟通中了解各个买点在他们心中的重要性排名。因为客户越看重的买点，就越愿意付出更多的时间、精力和金钱去考量，也会在最终决策权衡之时有所偏重。

3. 匹配归类

接下来，外贸员就可以针对客户所关注的买点进行匹配归类，即将各个买点分别归入产品（Product）、价格（Price）、渠道（Place）和促销（Promotion）这四个类别中，以便可以分类、逐步解决问题。对无法由营销层面解决的买点，则暂时不做归类。

4. 全盘梳理

最后，外贸员可以将这些资料重新梳理一遍。梳理时可以按照"要不要→能不能→如何做"这三个流程来思考。

所谓"要不要"，指的是我们是否有必要满足客户的所有买点；"能不能"指的是我们能否满足客户的买点；"如何做"指的是应该如何满足客户的买点。

做好了这些分析，外贸员就可以清楚地知道自己应该朝着哪些方面进行差异化营销了。

外贸新认识

有个概念叫"非补偿性决策法则"，意思是如果客户十分关注的一个点你无法满足，那么即使你在其他方面让步，客户也不会改变主意。

FAB 利益销售法，提炼产品的卖点

在外贸工作中，产品大多是趋同化、无差异化的。懂得如何提炼产品的卖点，就能为自己的销售工作打开销路。但是很多外贸员在提炼产品卖点方面却往往显得心有余而力不足。FAB 利益销售法，通过简单的三个步骤，可以帮助外贸员快速地提炼产品的卖点。

在营销产品时，很多外贸员都会围绕"产品卖点"来进行。那么，到底什么是卖点呢？

所谓卖点，是指产品所具有的与众不同的特点。卖点大多是以产品为导向，很多时候是一种营销语言。无论是在产品宣传环节，还是在后期的谈判环节，找到了卖点就相当于打开了产品的销路。

但是，在外贸工作中可能会出现这样一个问题：在提炼卖点时，由于每个外贸员对产品的理解可能有所不同，因而即使介绍的是同一款产品，卖点可能也会有所区别。而且，每一款产品的卖点也并非是单一的，这些卖点可以满足不同客户的需求。

那么，外贸员应该如何提炼产品的卖点呢？怎样提炼卖点才能更吸引客户呢？

在提炼产品卖点时，我们可以借助"FAB 利益销售法"，FAB 利益销售法指的是在进行产品介绍、销售等表述时，针对客户的需求意向，有选择、有目的地列出理由，说服客户。

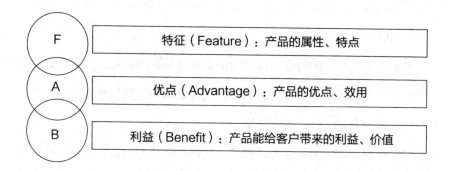

1. 特征（Feature）

特征指的是产品的属性和特点，比如原料构成、成分构成、质量、规格、构造、功能性能、外观款式、色泽味道、包装、品牌、安装、用途等，即产品是什么样的。

在向客户介绍产品时，外贸员首先要知道它是什么，有什么特征。比如某款奶粉的特征之一是添加了脂肪酸 DHA 原料。如果外贸员仅仅这样向客户介绍，很难激发客户的购买欲望。因此，在介绍完产品的特征后，外贸员还要继续介绍这种特征所具有的优点。

2. 优点（Advantage）

优点指的是产品的某些特征所具有的优势，即此款产品与竞争对手的产品相比有什么不同，有哪些突出的、更好的地方。外贸员需要从这些特点之中找优势。

例如，奶粉中添加了脂肪酸 DHA 的优点在于：DHA 是人体必需的脂肪酸，DHA 对脑细胞的生长发育有很多好处，能提高和开发儿童的智力。

小技巧

外贸员在介绍产品优点的时候，既要说得客观准确，又要能够提供某些数据或者证明，让客户信服。

3. 利益（Benefit）

利益指的是产品的特征、优点所能给客户带来的好处。比如良好的质量会带来使用上的安全可靠，新颖的款式会带来潮流感与时尚感，生产工艺的优化会带来省时、省钱等好处。

通常来说，客户更关注的是自己能获得什么样的利益，因此，在提炼产品卖点时，外贸员可将重点放到产品的特征和优点会给客户带来什么样的好处，将这几点巧妙地结合起来，然后按照一定的逻辑顺序向客户阐述，相信客户很容易就会被你劝服。

外贸新认识

在提炼产品卖点时，外贸员要认识到这样一个问题：产品的特征是客观存在的，产品的优势是通过比较挖掘出来的，产品的利益则是结合了以上两点，并针对客户的某些需求总结出来的。同一款产品对不同的客户来说，可能会存在不同的利益，因此，外贸员在提炼卖点时要因人而异。

你的客户更关注什么产品参数

> 不同的客户关注的产品参数可能会有差别，了解你正在服务的客户更加关注哪些参数，抓住这些关键参数，客户选择你的概率就会有很大的提升。

我们在购物时，会更关注产品的某些参数，而对其他一些参数可能就不太在意。比如，买车时，我们会更关注发动机的驱动性能，这个性能的好坏是决定我们是否购买这辆车的关键。在外贸工作中，客户对于想要购买的产品，心中会有关键参数，如果我们的产品满足了这个关键参数，就会赢得客户的青睐，在众多产品中脱颖而出。

可以说，客户关注的关键参数就是我们对产品进行差异化营销的突破点。这个参数不仅决定着我们的产品在客户心目中的地位，通常也决定着我们能否与客户达成合作，促成成交。

但客户往往并不会将自己关注的产品参数告知我们，我们又该如何确定呢？况且，不同的客户虽然会购买同样的产品，但是他们关注的参数是不同的，可以说，每款产品的参数在客户心中的排名并非完全一样，那么，外贸员该如何确定每位客户关注的参数都是什么呢？

要弄清楚这个问题，就需要外贸员具备专业的产品知识与职业化的修养，也就是要了解产品知识，了解客户。

1. 了解产品知识

一个产品有多个参数，而这些产品应用到什么领域，对各个参数的要求也是有区别的。因此，外贸员首先要了解这些产品，知道这些产品的特性，以及它们可以应用到哪些领域中。

在平时的工作中，外贸员可以多与技术人员沟通，了解自己的产品，了解不同的参数的影响，以便在与客户交流时展示出自己专业的一面。

2. 了解客户

了解客户是一名专业的外贸员必做的一项工作。所谓了解客户，除了要知道客户想要采购哪种产品，客户公司的主营业务之外，外贸员最好清楚客户采购这些产品的用途，即打算用在哪里。确认了这一点之后，在营销过程中，外贸员就可以更有针对性，也更能推荐给客户适合的产品，促进成单。

以口罩为例，如果外贸员知道客户想要将口罩卖给医院，那么外贸员就可以向客户推荐医用口罩，并重点介绍自己公司的医用口罩对微小带病毒气溶胶或有害微尘的过滤效果显著（最好以实验数据作为主要说明，更直观，也更可信），而且疏水透气性好，那么客户就会很容易被外贸员说服。

所以，关注客户所关注的参数，针对不同的客户进行多样化的推荐，不仅会给客户留下专业的印象，也更容易打动客户，成功拿下订单。

外贸新认识

外贸员联系客户的目的就是促进交易，因此，找准客户的关注点，从客户的关注点出发，往往能获得不错的结果。

从附加值切入，提高产品宣传效果

　　宣传产品未必只能从产品本身入手，找到产品的附加值，找到客户愿意买单的心理痛点，成交其实没有那么困难。

　　在宣传产品时，大多数外贸员都会将主要精力放到产品本身的品质、价钱等方面，而忽略了产品产生的附加值。还有些外贸员，尤其是刚刚进入外贸行业的新人，往往会觉得自己的产品很普通，很大众化，并没有什么特殊的，也并不存在什么优势，所以就更不知道该如何宣传自己的产品，不知道该从哪些方面寻找附加值。

　　要知道，客户购买产品，买的不仅仅是产品本身的价值，还有产品的附加值。

　　其实，要找出附加值，提高产品的宣传效果并不难，外贸员不必将目光都放到产品本身上，也可以从其他方面入手，比如产品的品牌、加工流程等。可以说，只要是对产品宣传有利的，我们都可以将其归到附加值的范畴，作为一个宣传点。

　　在挖掘产品的附加值时，我们可以从以下角度着手。

　　1. 品牌

　　品牌就是一种无形的资产，很多名牌企业、名牌产品本身就代表了一定的质量、档次、服务等。就像很多人购买服装、电器都会认准品牌，外国客户在与我们谈生意时，自然也会看重品牌，注重品牌效应，这会成为他们衡量的一个标准。

如果你所在的公司有一定的品牌效应，那么利用品牌推销产品自然是一个不错的宣传方式。即使你的产品刚刚上市，并没有大卖起来，但是有品牌担保，客户也会对这些产品另眼相看。

2. 设计技术与生产工艺

随着科技的进步与发展，很多产品在设计技术和生产工艺方面也都有了创新，这些创新既适应时代发展的需要，又提升了产品的档次。而由此衍生出的附加值在使用时会更简便、更顺手，或者节省人力成本、节约更多资源等。

3. 热卖产品

很多人在网购时都会注重看店铺的销量、评价，如果一个店铺有一些热卖产品，那么在这种宣传势头的影响下，那些并不热卖的产品也会受到影响，销量也会有所提升。这是因为热卖产品改观了人们对这个店铺的印象，认为这个店铺是不错的，因而会因为信任这个店铺而选购其他产品。

外贸工作也一样，外贸员也可以利用这一点进行宣传。比如，在对客户进行宣传时，除了向客户介绍他们有购买意向的产品外，外贸员也可以向客户介绍一下公司的热卖产品，告诉客户目前自己公司的热卖产品有哪些，有哪些优势等。即使客户目前并不需要你推荐的热卖产品，他们也会因为这些而觉得你们的其他产品在质量、价格等方面也是有优势的。而且，如果他们需要某款热卖产品，很可能会想到你。

利用热卖产品来改变客户对其他产品的看法，让客户认识到你的能力与竞争力，这种迂回作战的策略在宣传产品时往往会起到意想不到的作用。

4. 使用体验

产品的使用体验如何，应该说每位真正使用的客户都会有自己的感受，外贸员在宣传产品时可以将这些使用体验作为一个宣传口号，这也算是产品的附加值。

比如，有些游戏机现在都已经很少有人玩了，但是仍然有人为它买单，这些客户买的就是游戏机身上的附加值——对过去的回忆；有些高档的咖啡壶，供应商会为它们设计一个个故事，比如这是哪个知名设计师设计出来的，设计师是从哪里来的灵感，怎样设计的，用一个个的故事和情怀来打动人，提高产品的档次，而这件商品的附加值，就是带给客户一种主观上的良好的使用体验，从而令客户愿意为此买单。

不同的产品有不同的附加值，对不同的客户来说，这些附加值在他们心中的地位也是有区别的。因此，从附加值切入，为产品赋予不同的卖点，客户才更愿意为产品买单，你的宣传才会达到更好的效果。

■ 外贸新认识

外贸员不要总是抱怨自己的产品没有特点，不够新颖，太过简单，价格不占优势。如果连你自己都看不上你的产品，你又如何能成功地推荐给客户呢？多想一想你的产品会产生哪些附加价值，会给客户带来什么样的体验或感受，也许营销宣传就没有那么困难了。

推荐产品要注重"精"与"巧"

> 客户迟迟无法决定是否达成合作意向，是否购买你的产品，很可能是因为你推荐的产品超出了他们的预期。因此，推荐符合客户预期的产品，才能更好地留住客户。

在初期与客户的沟通中，很多客户都会让外贸员推荐一些产品。而要推荐哪类产品，推荐产品的哪些款式，则是一项十分考验外贸员的工作。不少客户都有丰富的购买经验，对产品也有自己的想法，如果外贸员给客户推荐的产品不符合客户的要求，那么就很难保证客户不会产生"这个外贸员不专业"的想法。

而且，客户让外贸员给自己推荐产品，更重要的是可以节省筛选的时间和精力，是希望外贸员可以给自己一些选项，让自己做选择题。如果外贸员事先了解各种产品的特点，也明白客户的需求，那么做这项工作就能得心应手一些。

那么，外贸员如何推荐产品更能让客户满意呢？通常来说，在推荐产品时要抓住两大要点：精与巧。

1. 精：锁定产品范围，精准推荐

在推荐产品时，外贸员首先要了解客户大概的喜好、需求、可接受的价格范围等，通过对这些内容的整体把握，来锁定产品的大概范围，然后再在这些产品中进行综合考量，将客户可能中意的几款产品推荐给他们。精准推荐可以更好地满足客户的心理预期，使合作朝着好的方向发展。

当然，在进行综合考量时，需要外贸员针对客户的关注点来进行评判。比如，在沟通过程中，有些客户会更关注产品的价格，那么外贸员就要先锁定客户可以接受的价格范围内的产品，然后再结合客户对产品的其他要求来进行选择；如果客户更在意产品的使用体验，那么外贸员就可以先选几款之前与其他客户合作过，并且反馈比较好的产品推荐给客户。可以说，外贸员要给客户推荐什么样的产品，是要以客户的需求点为中心的。

小技巧

> 要真正做到精准推荐，除了要了解客户的喜好与需求外，还要了解各种产品在市场上的反馈，比如产品的受欢迎程度，不同产品的性价比与使用体验等。这就需要外贸员在实际工作中不断地观察、积累。

2. 巧：全局考虑，巧妙推荐

我们常说市场是瞬息万变的，客户的需求、心理也会随着市场而变化。这就导致很多时候，即使外贸员采用了精准推荐的方法给客户推荐产品，这些产品也依然无法赢得客户的青睐，导致合作失败或中止。如果此时外贸员还是不懂得变通，那么结果可想而知。

此时，外贸员最好巧妙地向客户推荐产品。所谓巧妙推荐，可以有多种理解。比如，当客户看中了某款产品，但是由于价格有点高或者交货期超出预期而犹豫不决时，外贸员可以给客户推荐稍微低端一些的产品，让客户通过比较，认识到这款产品的价格和交货期之所以这样，都是有原因的。当然，如果客户看中的那款产品大大超出了他们的预期，外贸员介绍给客户的另一款低端产品，反而有可能拿下这个订单。

小技巧

在介绍公司的其他产品时，外贸员也要保持客观，不要因为想劝客户买这款产品而贬低另一款产品。只能说是两款产品的研发受众不同，所以功能存在差异，而不要说这款产品比较低级，另一款产品比较高端。

总之，在向客户推荐产品时，外贸员既要做到职业化，又要懂得变通，能根据客户不同的需求为他们提供适合的产品。

外贸新认识

向客户推荐产品，是将最终的选择权交给客户，而不是让外贸去替客户做决定。但是很多外贸员却总是帮客户做决定，告诉客户哪一款产品是最适合他们的，虽然外贸员可能对此做了很多工作，但是对客户来说，外贸员的这一举动会令他们产生反感。

视觉营销，用冲击力帮你拿下客户

随着科技的发展，视觉营销也越来越被人们重视。很多外贸公司除了设计自己的品牌标志，想要提高公司的区分度外，还将宣传发行作为公司的重点部门，力争将产品推广出去，以吸引越来越多的客户。

定位理论的卓越继承者，美国公认的新一代营销战略大师劳拉·里斯在《视觉锤》一书中传达了这样的理念：视觉形象就像锤子，可以更快、更有力地建立定位，并引起客户的共鸣。视觉形象和语言信息的关系好比锤子与钉子，要用视觉形象这把锤子，把你的语言钉子植入客户的心中。也就是通过视觉营销，让客户的印象更深刻，更容易理解我们要传达的信息。

其实，视觉形象之所以如此重要，与我们的大脑分工有关。我们的大脑主要分为左、右大脑半球，左、右两个半脑以不同的方式进行思考。右脑记忆图像、声音等内容，要比左脑记忆文字更高效，比如唱歌比记歌词更容易，记电影片段比记台词更容易等。因此，将文字内容转换成图像信息，更利于客户将这些信息储存进大脑，接收的效果会更好。

那么，在营销过程中，外贸员要如何利用视觉营销影响客户呢？要做好视觉营销，可以从以下两个方面入手。

1. 品牌视觉

品牌视觉主要指的是一个品牌给人们带来的视觉感受，包括品牌的 logo（字体、色彩、图案的形状）、标签、代言人、包装、宣传口号等。

鲜明的品牌内涵、特征会给人留下深刻的印象，比如 361° 的品牌标志含义是一个象征全面、圆满的三百六十度，并配合品牌口号"多一度热爱"，有着超越完美的寓意，也让 361° 这个品牌给人们留下了深刻的印象。

几乎每家公司都有自己的 logo，但是很多外贸员都不太注重宣传这些，其实，公司也是一个品牌，将公司这个品牌推广出去，撰写一些有意义的、朗朗上口的宣传口号，给别人留下一个深刻的印象，外贸员在工作中也会有收获。

2. 产品视觉

相信大家都在网上买过东西，那么，在挑选这些商品时，你会主要看哪些内容呢？在浏览产品时，我们会发现大部分产品介绍中都包含很多图片，而且，现在有些网站上还推出了视频介绍的功能，让我们可以更好地了解产品的样式、功能等。

做外贸推销产品也是如此，我们需要对产品进行包装，比如在介绍产品时多在 PPT 中使用图片，或者设计产品的宣传海报等，使图片发挥出它的作用，给客户一种视觉上的冲击力、感官上的享受，从而征服客户。

图片比文字更具有画面感，更容易让人明白，也更容易打动人。所以，让客户看到直观的画面，让产品印在客户的脑中，那你的营销宣传才算是成功的。

外贸新认识

　　视觉化不应该仅仅存在于产品营销的过程中。外贸员在做其他工作时也可以运用视觉化思维，比如利用图表汇报工作，利用图片展示自己的想法等。

高手支着：找准你的竞争对手

竞争对手是我们的参照物，会激励我们剖析自身的优势与不足，促使我们做得更好。但如果找错了竞争对手，很可能会使公司走向错误的发展道路。因此，找准竞争对手，认清你与竞争对手各自的优势与不足，会让你的外贸工作做得更得心应手。

在外贸行业中，有很多人都跟我们做同样的工作，销售同类产品，那么，是不是同行业的所有人都是我们的竞争对手呢？如果你这样想，那你就错了。

比如：销售小家电与销售家庭大家电的公司不会是竞争对手，因为它们的定位是不一样的，买小家电的人一般不需要去买大家电，这两家公司并不存在争夺同一批客户资源的情况。

也就是说，并不是你们处在同一个行业，销售的是同类产品，你们就是竞争对手。所谓竞争对手，应该是在供应链的实力上与在对客户的定位上和你们公司差不多。从客户的角度来说，那些能够与你们公司提供相同价值给客户的公司，才算是你们的竞争对手。

国际贸易知识服务商 Daniel 认为，外贸员能给客户提供的价值主要可以从显性价值和隐性价值两个层面进行细分。

其中，显性价值主要包括公司的商务能力、企业状况、生产能力、产品水平、技术实力、质量体系等。

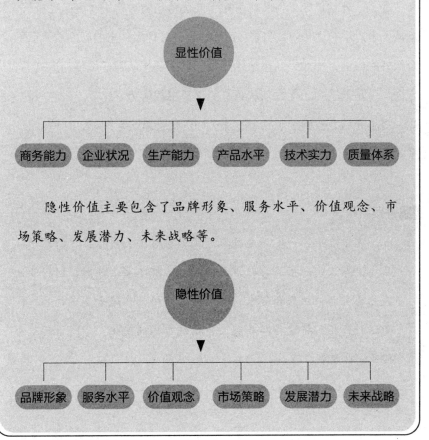

找准了竞争对手，在外贸工作中，外贸员就可以避开竞争对手的核心优势，根据自己公司的实际情况去满足客户的需求，力争在某些方面比竞争对手做得更好，进而拿下客户。

要做好产品的差异化营销，找出竞争对手的优势与劣势，并尽力将他们的劣势作为自己公司的突破点，将这种劣势变成公司的优势，那么搞定客户、拿下订单也就轻而易举了。毕竟，所谓的竞争，并不仅仅是公司与公司的竞争，更是产品与产品的竞争，有优势的产品才更容易获得客户的认同。

那么，外贸员要如何从竞争对手的优势与劣势中进行突破呢？答案就是从竞争对手的优势中找劣势。比如，有些公司生产出的产品质量很稳定，有很好的口碑，那如果你也想做此类产品，要想从降低价格、提高品质等方面入手是很难的。你可以从对方的优势中找劣势，比如不做统一的标准品，将主要精力放到定制品上，那么你的优势就会很明显，你就能吸引更多的客户。

外贸新认识

竞争对手不一定就是敌人。比如当有些公司推出了新的产品品类，那么由一家公司与市场硬碰硬显然不妥。此时，同行业的其他公司也应该联合起来，共同培育市场，让越来越多的客户接受这种产品，将这种品类做大，推进市场的变化，不断推动这个行业向前发展。

第五章
报价还盘有技巧，别让价格阻碍成交

→

　　价格是影响客户决定是否采购某供应商产品的重要因素之一。外贸员的报价合适，符合客户的心理预期，就相当于向成交迈进了一大步。

　　但很多时候，外贸员的报价未必符合客户的心理预期。不过，即使你的报价高于客户的心理预期，只要你掌握了报价的技巧，也还是有可能会进入客户的备选名单的。所以，不要让产品的价格阻碍了你们的成交，毕竟，客户要购买的并不仅仅是产品，还包括产品的其他附加值。所以，写好报价单，与客户开启良好的沟通，你的报价才算是成功的。

外贸员需要知道的报价那些事

做外贸工作其实也是与人打交道，如果你仅仅注重将自己的报价单做好，而不注重与客户沟通的方式方法，很有可能会给客户留下一个不好的印象，甚至让客户把你从备选名单中剔除。所以，不要犯客户的忌讳，给客户留下积极、专业、诚信的印象是很重要的。

报价是外贸工作中十分重要的环节，往往决定着接下来双方是否可以合作。但是外贸员主要是与海外客户合作，很多时候由于双方对彼此都不了解，因而在商谈中双方都会存有疑虑，担心自己会被骗，担心对方并不是真正的生意人。比如，外贸员会担心客户收到货后拒不付款，担心客户是在套价格；客户会担心外贸员收到货款定金后拒不发货，担心外贸员谎报产品价格等。

在生意场上，学会控制风险，不轻易相信别人，这是无可厚非的。但若是外贸员总是如此心存疑虑，怀疑一切，就很难与客户建立起良好的信任关系。要知道，做生意诚信很重要，大多数客户都是真心诚意地想做生意的，他们不会为了你的一个样品而大费周章，因为这样做得不偿失。所以，不要把所有的客户都当成骗子，报价时更不要总是怀疑客户，因为你的疑虑很可能会把潜在的大客户给排挤走。

那么，在报价环节中，外贸员还需要注意哪些问题呢？以下是外贸报价中的三大禁忌，希望能给外贸新人一些指导与启发，避免陷入报价陷阱。

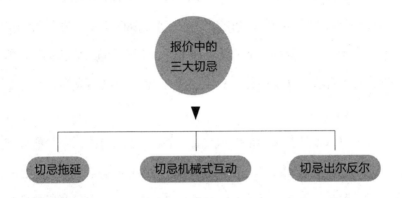

1. 切忌拖延

很多外贸员在收到客户的询盘邮件后都会十分积极，将报价单尽快发给客户，但也有一部分外贸员，即使手中有现成的资料也不会及时回复，而会一直拖着。于是，可能成交的机会就在这种拖延中溜走了。

外贸员与海外客户合作，往往都有一定的时差。如果外贸员没有及时回复，客户很可能已经收到了其他外贸公司的报价单，有一个先入为主的好印象；而且，外贸员可能只是从上午拖到了下午，但是对客户来说，过了这几个小时，他们可能就已经下班了，再收到邮件时已经是第二天了，拖延也会给双方的沟通带来一些障碍。

2. 切忌机械式互动

所谓机械式互动，指的是客户问一句，外贸员答一句，客户没有问的信息，外贸员也不主动介绍。比如客户询问产品的价格，外贸员直接报出FOB 价（Free on Board，也称"离岸价"），并不介绍产品的包装资料、具体尺寸等，而等到客户询问时，外贸员才一个一个地把这些信息发过去。

这种互动方式看似没什么问题，但是对客户来说，这样的外贸员在工作上不够积极主动，会给客户留下一个工作懈怠的印象。

而且，在很多时候，外贸员的报价未必恰好符合客户的心理预期，有时候可能会稍高一些，有时候可能会稍低一些，如果外贸员在报价时也能将产品稍微地向客户介绍一下，让客户了解一下产品的品质和优势，那么客户在进行综合考量时就不会过于在意价格，也许就会促成成交。

3. 切忌出尔反尔

当客户确认了外贸员的报价和产品细节后，就会开展一系列的后续工作，比如跟公司确定采购价、设计产品包装、设计宣传流程、准备仓库等。如果此时外贸员告诉客户这个价格无法成交，那么客户的这些后续准备工作就白做了。

当然，我们都不希望丢掉客户，但是有时候报价往往会出错，或者出现一些意想不到的情况。因此，在做报价时，外贸员一定要谨慎，考虑全面，尽可能不要出尔反尔，不要做一个言而无信的人。

外贸新认识

一个不经意的小行为很可能会成为促使外贸员丢掉订单的罪魁祸首。积极、诚信是外贸工作的根本。要知道，你与客户并不是对立的，你们应该相互合作，实现共赢。

影响产品报价的四大因素

> 在报价过程中，很多外贸员都无法掌控好全局，不是报错价格，就是忽略了汇率和原材料的价格，而这一忽略，很可能会给公司带来很大的损失。如果推翻之前的报价，客户不满意；如果不推翻之前的报价，公司不满意。所以，最好的办法就是防患于未然，在报价前做好充足的准备。

报价是外贸工作中的重要一环，外贸员在报价时要足够细心，要考虑全面，以免出现错误或遗漏，造成损失，或者给客户留下不专业的印象。那么，影响报价的因素主要有哪些呢？外贸员在报价时要特别注意哪些方面呢？

一般来说，影响报价的因素主要包含四个方面，即价格报错、汇率变化、原材料价格上涨、人工成本上涨。

下面我们就来一一分析下，尽量做好报价前期的准备，未雨绸缪，把损失降到最低。

1. 价格报错

一般来说，价格报错主要指的是漏算或错算，而导致报价低于公司可接受的价格。遇到这种情况，外贸员就要与客户进行多次协商、沟通，以获得客户的谅解，同意提高报价。

那么，在报价前，外贸员需要做好哪些工作呢？

（1）计算成本。

在计算成本时一定要仔细、认真，这个过程并不难，只要记住公式，将各个成本都计算在内，算出 FOB 价格（离岸价）、CIF 价格（到岸价）等，报价就很少会出错。

在计算完成本后，外贸员也可以比较一下自己计算出来的成本与产品的出厂价。很多公司都会给出产品的 FOB 价格或者 CIF 价格。如果给的是 CIF 价格，外贸员也可以用 CIF 价减去海运费、保险费、杂费等，得出一个大概的价格，与自己之前计算出来的价格进行对比，看是否存在较大的差异，如果差异不大，那就说明计算无误。

（2）写上有效期。

市场是不断变化的，产品的价格也会随着市场的变化而变化。因此，我们要注明价格的有效期，以防客户在一年前询价，而在一年后还要求按照原来的价格下单。提前注明有效期，可以避免双方的麻烦。

（3）加上"错误及遗漏除外"。

在报价单上写上"错误及遗漏除外"（error & omission excepted，简写为 E & OE）这一项，是为了给自己留出余地，万一真的出错了，也方便跟客户协商沟通。

这样写是为了让客户有一个心理准备，等真的出现错漏了，也好让客户接受，所以写总比不写好。当然，最好是不出现问题。

2. 汇率变化

汇率每天都在发生变化，但是只要变化在一个正常的浮动区间内，对我们产品的报价就不会有太大的影响。即使汇率浮动一些，但是对毛利率的影响并不大，那么我们也没有必要去调整报价。但是如果汇率变动过大，对产品的总利润已经产生了严重的影响，甚至不调整价格，我们这笔订单就得亏损，那么调整价格就势在必行了。

但是对客户来说，他们并不会轻易接受你的提价行为，而如果你坚持提价，那么很可能会丢掉这个客户。

因此，外贸员在给客户报价时，可以将汇率的情况写进去。比如设置一个具体的汇率区间，当汇率在这个区间内变化时，价格保持不变，但当汇率变动过大，超出了这个区间后，变动的部分则由外贸员所在的公司和客户共同承担，承担的比重也可以约定。

举个例子，比如将汇率的变动区间设为4%，当人民币兑美元升值为6%时，那么超出部分的2%则需要由双方共同承担。假定约定的承担比重为1∶1，那么也就是双方各承担一半，即产品的价格在原价的基础上提高1%。同样的，当人民币兑美元贬值为6%时，那么超出区间部分的2%也由双方各承担1%，即产品的价格在原价格的基础上下降1%。

3. 原材料价格上涨

有些产品的价格与原材料的价格息息相关，比如不锈钢勺子、筷子，简易服装等，在工艺和流程上的成本花销也较少，因而，成本主要与原材料有关。当食品级不锈钢、衣服布料的价格上涨后，那么产品的价格自然也要上涨，不然很可能会导致成本支出超过收益，导致亏损。

要规避因为原材料价格上涨而导致的提价问题，外贸员也可以在报价时与客户协商一个原材料价格浮动区间，既让自己不处于过于被动的地位，又能让客户做到心中有数，促进双方的良好合作。

有些外贸员可能会疑惑，觉得他们是在为自己可能会犯的错误找借口，其实不然。市场变化是很快的，很多时候你往往无法预测市场上的产品价格走向，因此，做好万全准备，为可能出现的问题想好解决对策，这也是外贸员应具备的一种能力。

4. 人工成本上涨

通常来说，人工成本上涨自然也会影响产品的最终价格，但是如果我们进一步思考，就会发现，人工成本在短时间内并不会有太大的变化，就像很多人经常抱怨"工资赶不上物价"，这就是一个体现。

因此，只要我们在报价单上标明价格的有效期，在短期内，人工成本变化并不大，对我们的价格也不会产生太大的影响。

提前规避问题，将报价中可能出现的问题做好预防措施以及解决对策，既能彰显你的专业与细心，又能让客户对你多一分放心。

外贸新认识

别想着先以低价吸引客户，然后再提高价格，这只会让客户对你产生反感。做外贸工作，你要懂得尊重客户，用诚信与专业和客户建立长期的合作关系。

如何做好产品的合理定价

> 报价是外贸工作中的一个难关，报价合适，客户会主动与我们联系，进而有望达成合作；报价不合适，很可能就会直接丢掉客户。因此，外贸员应努力做好产品的合理报价。

价格是影响外贸成交的重要因素之一，做好产品的合理报价，客户才会觉得我们是专业的，才会产生与我们进一步合作的欲望。如果外贸员报价太高，很可能会将客户拒之门外，致使销量为零；如果外贸员报价太低，可能会让客户觉得我们的产品是廉价货，质量不好，因而也不会下单。

一般来说，产品的成本高，价格也应该相应地提高，否则公司的利润就会受到影响。因此，要做好报价，我们首先要考虑成本。毕竟，我们与客户做生意的终极目的是要挣钱，帮助公司获利。

要做好报价，我们就需要对产品进行合理的定价。在对产品进行定价时，我们还要考虑当前的市场条件处于买方市场。因此，我们不应让成本过多地影响定价，以免因成本过高而影响销量，进而使利润减少。只有将产品的成本与价格进行合理对接，根据成本和市场环境适当地调整价格，才能有助于获得满意的利润。

接下来，介绍几种比较好用的产品定价方法：

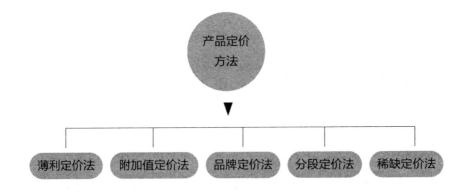

1. 薄利定价法

我们对"薄利多销"这个词并不陌生，其实，所谓薄利定价法，遵循的便是"价高量减，价低量增"的道理，这种定价方法是被人们广泛采用的。

采用薄利定价法来制定产品的价格时，虽然每一件产品售出后所获得的利润很少，但是正因为定价低，所以往往会带来高销量，从总利润来看，收入还是可观的。如果将眼光执着于每一件产品的利润，要想获得高利润，那么很可能根本无法将产品卖出去。

所以，外贸员在定价时要具备薄利多销的思维，结合自己的产品设置价格。尤其是销售小物件产品、单个成本也比较低的外贸员。当然，如果销售的是特殊产品，那么更应该考虑产品的市场价值，产品会给客户带来的价值，而不仅仅是成本价。

2. 附加值定价法

在外贸工作中，我们主要与国外客户打交道，其中的风险和不确定性会更大，客户也会对我们的工作和产品产生疑虑。为了消除客户的疑虑，我们可以提供更好的服务，比如产品实行三包、终身保修等，有了这些附加条件，客户会更放心一些。

不要觉得产品价格一高就会把客户吓跑，其实，大多数客户都愿意为产品的这种附加值买单。毕竟，客户买的不仅仅是产品，也包括购买这种产品后所带来的服务与放心。

3. 品牌定价法

大多数人买衣服会认准一些品牌，可能是这些品牌的衣服风格比较适合自己，也可能是这些品牌的衣服价格在自己可承受、可接受的范围内，但更可能是这些品牌的衣服质量比较好，性价比比较高。当人们先入为主地产生了这些品牌比较好的认知后，便会觉得这些品牌的衣服都很好，并因此认准这些品牌。即使这些品牌的有些衣服与其他品牌的衣服并没有太大的区别，人们也会优先选择这些品牌，这就是品牌效应。

也许有些外贸员会疑惑：我们公司还没有做到这么大，产品还不算是一个大品牌，要用品牌效应来吸引客户，确定产品定价貌似很难。其实，要利用品牌效应，我们不必将眼光只放在本公司，而可以借助其他比较著名的品牌，比如引进其他品牌，或者与其他知名品牌合作，用别人的品牌带动你们公司的促销，进而提高你们公司和产品的市场知名度。这种间接的品牌效应，会增进客户对你们的信任感，从而带动你们的销量，促进合作与成交。

4. 分段定价法

分段定价，就是针对不同的客户，设定不同的价格，以获得最大的利益。比如，同一个产地、同一个品种的水果，由于销往的城市不一样，也会有不同的产品包装和价格。在北京、上海等一线城市，人们的平均消费水平比较高，这些水果的包装也比较高级，价格也定得比较高，而在一些小城市，由于人们的平均消费水平较低，因而水果的包装一般，价格也会定得比较低。

分段定价便是这个道理，即将同样的产品打上不同的标签，定不同的价格。一般来说，欧美的客户所能接受的产品价格比较高，而中东、印度的客户可接受的产品价格则比较低。因此，在与欧美的客户合作时，外贸员可以将打上"高品质"标签的产品推荐给客户，并报出较高的价格；在与中东、印度的客户合作时，外贸员可以将打上"较高品质"标签的产品推荐给客户，并报出稍微低一些的价格。

当然，不论是高价格还是低价格，都不应偏离市场价格太多。

5. 稀缺定价法

所谓"物以稀为贵"，如果你们销售的是市场上的稀缺类产品，那么即使成本并不高，产品也可以定高价。对于对这类产品有需求的客户来说，他们愿意花高价购买，而不在乎价格。

总之，要做好产品的合理报价，主要看你想获得多少利润。外贸员要在适应市场行情的状况下，结合客户的特点给出产品的报价。此外，外贸员还需记住，产品的价格有波动是正常的，在向客户报价时，将这些波动也考虑进去，既会避免后期的麻烦，也会让客户觉得你足够专业。

■ 外贸新认识

产品的价值和质量是影响产品定价最重要的因素，但这并不适用于所有的产品。在销售过程中，聪明的外贸员会让客户觉得自己的购买行为是物超所值的。

怎么写出有竞争力的报价单

> 客户购买产品不仅会看价格，还会看其他方面的成本支出与收益。因此，报价单不应只包括产品的价格，还应该涉及产品的包装、价格有效期、付款条件、交货期等，毕竟在外贸工作中，这些因素都会在合作中产生较大的影响。

当客户发来询盘后，我们要如何回复客户呢？写好一份报价单可以促进成交，让客户有进一步与我们接触、了解我们产品的意愿，但是很多外贸员都败在了报价单上，不知道怎么写才能吸引客户，才能满足客户的需求。

于是，为了显示自己的诚意，很多外贸员在写报价单时往往试图以字数取胜，但实际上这种做法是错误的，不仅占用客户的时间，也浪费自己的时间和精力。其实，在写报价单时，外贸员要掌握重点，突出关键点，要知道，让客户看得明白才是最重要的。

当然，如果客户指明了要某种产品的报价单，我们写起来就比较容易。但通常情况下，客户并不会将自己所要采购的产品说得十分详细，这就需要外贸员与客户沟通，了解客户的购买意愿。或者外贸员凭借自己的经验，将产品的粗略报价先报给客户。

此外，客户发来询盘，想要的并不仅仅是产品的报价，通常客户也会关注付款条件、包装情况、交货期、产品的优势等，因此，外贸员在回复客户的询盘时，不必将眼光局限在产品本身的价格上，也可以将客户关注的其他信息报给客户，这样既减少了反复沟通的烦琐，又可以给客户留下一个专业、服务到位的好印象。

总的来说，外贸员在回复客户的询盘邮件时，可以参考下表中的内容提取关键点：

表 5-1　回复询盘邮件的关键点

1	Product（产品名称）	
2	Price（价格：FOB 价 /CIF 价）	
3	Period of Validity（价格有效期）	
4	Payment method（付款条件）	
5	Package（包装情况）	
6	Period of shipment（交货期）	
7	Parameters of Goods（产品等级或主要质量参数）	
备注	Advantage（优势）	

首先，在填写报价单时，我们要将产品名称写清楚，是什么型号、什么批次等，并注明价格的有效期。如果你不确定客户需要的具体产品类型，则可以写一个大概的报价，并标明是结合客户所提供的资料而给出的粗略报价，以便在确定具体的产品后可以调整价格。

其次，在外贸工作中，付款条件、包装情况、交货期等都是客户十分关注的问题，也会成为他们综合考量的一部分，尤其是当产品的价格相差不大时，这些条件做得更好自然会更有优势。因此，双方的谈判效率也比较高，外贸员可以将这些内容写进报价单中，突显自己公司产品的优势。

最后，我们还要在报价单中注明产品的等级以及主要的质量参数，让客户对产品了然于胸。或者也可以备注上产品的优势和卖点，以期通过这些来打动客户，促使客户下单。

在填写报价单时，我们对客户的需求了解得越详细，报价就越有针对性，也就越能打动客户，满足客户的需求。所以，多问一问客户需要什么样的产品，然后尽量给出足够专业的报价，客户选择你的概率才会更大。

外贸新认识

有些老道的外贸员工会说不要一次性把这些信息都给客户，而应该让客户一点点问。这种外贸工作方法在前几年可能比较适用，因为当时的市场环境使客户获知供应商的渠道很少，可供选择的选项很少，因而客户也比较有耐心。但是在当前的市场环境下，往往客户发出一份询盘文件，在一天之内就能收到几十封甚至上百封邮件，如果你还是藏着掖着，那么客户也就没有耐心跟你耗下去了。

做出专业回复，反还盘也能与众不同

遇到压价的客户，不要急着否定对方，要知道，客户通常是对你的产品感兴趣才会还盘，希望进一步沟通协商价格。此时，外贸员的反还盘就变得尤为重要。用你的专业回复应对对方的还盘，同样会为你带来商机。

在发出了报价单后，通常情况下，如果客户觉得产品还不错，但是价格有点高，就会回复一封压价邮件。比如说你的报价比与其公司长期合作的供应商的价格高一些，或者比市场上的平均价格稍高，并希望你能给一个折扣等。例如：

Dear ××,

Thanks for your quotations.（谢谢你的报价）

Based on our past experience, we find that your quotation is higher than that of our suppliers who have been cooperating with us for a long time.（说出压价的原因）

As you know, our purchase quantity is very large, so could you give us a discount？（说出来信意图，试图压价）

××

　　当客户给你发了这样一封邮件后，你不要急着回复"是"或"否"。

　　如果经过核算后，你可以给客户降价，那也不要毫无条件地答应客户的降价要求，而应该让客户也有所付出，比如增加预付款、增加采购量等。

　　如果你的报价确实很合理，并且不好降价，那么在回复客户时，你就可以列一份详细的报价单，把产品细节部分的报价也都发给客户，比如产品的材料尺寸、材料成本、生产成本等，让客户感受到你的诚意。

　　外贸员可以参考下表，列一份详细的成本报价单，将产品的成本进行拆分，用数据说话，这样更容易让客户接受，也会加深客户对你的信任感。

表 5-2　成本报价单

Item（产品型号、批次）		
Description（产品描述）		
Material Size/m² （材料规格尺寸）	Body	
	…	
Cost of Material/pc （材料成本）	Total area（m²）	
	Material（g/m²）	
	Weight（kg）	
	…	
Cost of producing process/pc （生产成本）	Salary	
	The charges of clearance	
	The charges of management	
	…	

续表

E & OE（错误及遗漏除外）	
Total（成本总计）	

这种列表格的形式会给客户一目了然的感觉，让客户看得十分清楚、明白。外贸员可以借助 Excel 表格来操作。当然，不同的产品在成本方面也会有差别，本表只是提供一个参考，在实际操作中，还需要外贸员结合具体的产品及其成本来列表。

小技巧

使用 Excel 表格还便于插入函数，自动计算价格。而且，当价格发生变动时，只要重新输入价格的数据，也可以自动生成其他价格，操作起来很方便。

当然，除了列表格的形式外，外贸员也可以利用 Word，将计算方式详细地列出来，让数据变得更具体。

外贸员要想做好这种报价单，就需要掌握产品和外贸工作的各个成本环节，这就需要在平时的工作中不断提升自己的业务能力。

外贸新认识

我们平时逛街购物尚且会跟销售员讨价还价，更何况客户要下大订单呢？价格一直是外贸工作中很重要的一部分，也是考验外贸员能力的一项标准。外贸员在发送反还盘邮件时，在报价单中将成本支出写得详细些，更容易赢得客户的信任与好感。

产品价格报错了怎么办

即使做了很多准备工作，也无法保证完全不出错。那么，在外贸工作中，当价格报错了该怎么办呢？此时最重要的是解决问题，而不是推卸责任。即使报错了价格，想要重新报价，也不代表你们就失去了竞争力。所以，外贸员不要急着懊恼，而应该先致力于解决问题，拿下客户，然后再考虑其他问题。

在外贸工作中，很多新入行的外贸员都有过这样的经历：价格报错，或者是由于自己粗心大意，少算或漏算了其中的几项，或者是由于市场变动太快，在短期内这种产品的涨幅太大，而自己在向客户报价时没有将这些考虑全面，导致报价出错。

一般来说，报价低是最困扰外贸员的问题。当报价低了时，如果按照这个低价格与客户合作，那么就会给公司造成损失；如果不按照这个价格，再提高报价，公司的信誉就会受到影响，客户有可能不会再与这个外贸员合作，导致损失客户。

接下来，我们就来具体讨论一下，当价格报错时，外贸员要如何与客户沟通。

价格报错主要有两种情况：一是客户尚未回应，没有表态，外贸员先发现了错误；二是客户回复接受这个报价，而外贸员在客户回复后才发现这个问题。针对这两种情况需要有不同的处理方式。

1. 客户尚未回应

当客户尚未回应时，对于报错价格的外贸员来说，这是一次绝好的弥补机会。外贸员可以迅速追加一封邮件，为自己的错误道歉，并稍加解释哪里出错了，然后给客户报出最新的价格。虽然这种出尔反尔的行为会让客户有些反感，但是大多数客户都会接受你的道歉。

外贸员发给客户道歉、重新报价的邮件可以参考以下模板：

Dear ××,

I must apologize for our mistake. （主动道歉，获得谅解）

In the last email, we made a very serious mistake. The price of ×× should be ××, not ××. （列出错误，并纠正错误）

In order to make up for this mistake and express our sincerity, we have decided to cooperate with you at the bottom price. Our new quotation is ××. （解决问题，说出底价）

I'm sorry for the trouble.

Looking forward to your reply.

××

---

2. 客户已经接受了报价

如果客户已经接受了报价，那么你就要考虑：这个项目是做还是不做？如果做，要怎么做？是按照低价做，还是重新报价？如果不做，要怎样拒绝客户？

（1）不做。

如果你的选择是不做，那么你可以给客户开出一些对方无法接受的条件，比如在交货期、付款方式等客户比较关注的方面做文章，告诉客户你们的工厂目前处于满负荷运转状态，无法满足交货期的要求等，让客户知难而退，主动拒绝与你们合作。

而且，客户主动提出中止合作，也不会有损你们在客户心中的印象，如果有机会，客户还有可能主动找你们合作。

（2）做。

如果你的选择是做，那么你可以选择按照这个低价与客户合作，维护公司的信誉，那就需要公司承担亏损。当然，这个价格可能会促使客户要求下一次还以同样的或者差不多的价格成交。因此，外贸员在这一次与客户合作时就要表明，这次价格出现了计算错误，实际的价格应该是多少，但是为了表示合作的诚意，这次的价格就按照原先的报价，其中的亏损由公司承担。这样也会给客户留下一个好印象，让客户觉得你们公司是讲信誉的。

但是如果公司既想做成这一单，又不想承担亏损怎么办？这就需要外贸员和公司领导共同探讨，制订出一个说服客户的策略。

首先，外贸员需要结合实际情况给客户发一封类似上面模板中的邮件，阐明自己的过失，并说明新的价格。

然后，外贸员的主管或者公司的领导也可以发一封类似的邮件，让客户感受到公司的诚意。另外，为了促进成交，领导也可以做出一些让步，比如在付款方式上可以调整为对客户更有利的方式。

通常来说，如果你们的产品过关、价格合理，给出的优惠条件足够吸引客户，那么客户还是愿意继续与你们合作的。

■ 外贸新认识 ─────────────────────────

　　当价格报错时，当务之急是如何弥补这个过失，尽量留住客户，而不是批评、指责外贸员的过错。有些外贸员在出现这种情况后会选择隐瞒，其实这是最不明智的做法，因为外贸员的能力有限，所能想到的处理办法也有限。而公司的领导有更大的权力，也有更多的资源与人脉，在外贸员看来很难处理的问题，领导或许能找到一种更好的处理方法。所以，把问题告知领导，与领导一条心，共同解决问题才是当前的核心。

高手支着：先谈价格还是先谈细节

　　在与客户沟通的过程中，外贸员到底是先报出产品的价格，还是先与客户商谈产品的细节呢？相信这也是困扰很多外贸员的难题。其实，这并不难理解。只要你稍微换位思考一下，就会做出明智的选择。

客户："你先给你们的产品报个价吧！"

外贸员："您先说一下需要哪种产品吧！"

客户："报个大概的价格呢？"

外贸员："您这边对产品的数量、包装、电镀工艺等有什么要求呢？"

……

　　以上对话看似好笑，却是实际情况中经常会发生的。在一些外贸员看来，报价不能过于随意，要在了解了客户所需求的产品的细节后再进行报价，这样的报价会更准确，误差更小。

　　而在客户看来，他们对这些外贸员及其所在的公司并不了解，对他们公司的产品也不了解，而打探一些他们的大概价格，有助于自己判断这家公司，了解这家公司产品的定位。

　　如果外贸员还是继续推诿，那么客户很可能就没有耐心继续询问他们的报价了，而会直接将其淘汰掉。

千万不要觉得这是危言耸听，事实上，情况可能比这还严峻得多。试想一下，当你去商场购物时，你随便到一家店里转了转，看了一件衣服，问售货员这件衣服多少钱，其实你未必想买，只是想了解一下这家店的价位，结果这位售货员不直接说价钱，而对你说"您看上了哪款可以试试"。可是等你试完之后，发现这个价格已经远远超出了你的心理预期，那你无论如何也不会买，结果白白浪费了时间。

在外贸工作中，时间同样很宝贵、很紧张，客户之所以想要先获知产品的大概价格，就是想要提高筛选供应商的效率，不至于做了无用功。

时代在发展，做外贸工作同样需要与时俱进，外贸员不能完全套用以往的工作经验，而应该根据市场的变化来调整自己的工作状态，只有这样，外贸员才能真正为客户做好服务。

■ 外贸新认识

做外贸工作，外贸员要懂得从客户的角度去想问题，考虑客户想要的到底是什么。一边与客户交流，一边思考、分析客户的需求，然后尽量去满足客户，这才是一个外贸员的成功之道。

第六章
外贸谈判不是退让，各取所需是共赢的关键

→

　　谈判是外贸工作中很重要的环节之一，很多业务都是在谈判中拿下的。因此，做好谈判工作，彰显自己的专业与能力，是外贸员提高成交量的必备素质。

　　谈判并不是针锋相对地一步不让，也不是步步退让的妥协，而是双方通过沟通与交流来达到一个平衡，使双方都能因为此次合作而受益，实现双赢。

一味地妥协无法让你得偿所愿

> 谈判的目的是实现双方共同利益的最大化，而不是让一方盈利、一方亏损。外贸员要谨记：我是来帮助客户解决问题的，我与客户并不是互不相容的敌对双方。外贸员与客户是平等的，在谈判中，外贸员既不应咄咄逼人，也不应一再退让。

我们总说谈判谈判，那么，谈判到底是什么？是客户一说价格太贵，你就准备降价吗？是客户说公司不接受这种付款方式，你便毫无条件地改变交易条件吗？如果你的回答是"是"，那你这根本不是在谈判，你的这种做法叫妥协。

其实，我们在生活中经常会遇到谈判，比如与卖水果的店铺讲价，与朋友谈午饭要吃什么，与同学商量晚上要看的电影，与领导谈自己的薪资，等等。很多时候你都已经处在谈判环境之中了。

很多外贸员都认为，谈判是一场你进我退的利益争夺战，自己与客户是敌对的双方，其实不然，外贸员与客户有着共同的目的——成交。因此，可以说，外贸员与客户的目标是一致的。

从外贸员的角度来说，外贸员希望以尽可能高的价格、尽可能有利于公司的条件成交，因此，成交价格越高越好；而从客户的角度来说，客户希望以尽可能低的价格、尽可能有利于己方公司的条件成交，成交的价格越低越好。

正是由于外贸员和客户对成交的条件都有各自的期望，而这种期望是此消彼长的，因此，谈判的作用便是让双方找到一个平衡点，通过协商、让步，从而达到一个意见统一的结果。

外贸员应该摆正自己的心态和位置，在谈判中不对客户予取予求，而遵循自己内心的原则。外贸员应该认识到以下三点。

1. 明确交易目标

做每一单生意，我们都会有自己的交易目标，比如完成多少的销售额，完成多少的利润额，或者完成多少的销量。在与客户谈判时，外贸员可以根据自己的这个目标来决定是否退让。

比如，当以利润额为交易目标时，即使客户因为不降价而减少了购买量，那么每件产品的利润也是满足要求的。因此，即使不降价，客户减少了购买量，外贸员依然可以达成自己的交易目标，而不必被客户限制。当以销量为交易目标时，外贸员只要保证销量即可。如果客户一直强调要降价，外贸员也可以让客户增加购买量，从而超额完成销量目标。

明确了交易目标，外贸员在谈判中才不会跟着客户的节奏走。

2. 守住自己的交易底线

很多外贸员在与客户谈判前都会先设置一个自己的最低心理价位，但是与客户谈着谈着，由于不想丢掉客户，丢掉订单，便一让再让，突破自己的底线。而结果虽然拿下了订单，但是由于利润很低，因而也很容易被领导批评。

其实，很多外贸员之所以无法守住自己的心理底线，主要是因为他们不注重自己设定的底线，认为自己的这个底线没有超出产品的成本价即可，但实际上，销售一款产品，成本价不仅仅包括产品本身，还包括人工成本以及外贸员为了拿下订单而花费的时间和精力等。因此，这种对底线的模糊便使外贸员很容易被客户说服。

3. 谈判也是一种交换

谈判既要记住自己的目标，守住自己的底线，又要记住这并不代表一步不退，如果双方都僵持着，那么谈判自然也就无法进行下去。客户满意，你也没有吃亏，这样皆大欢喜的结局不是很好吗？

外贸新认识

在谈判过程中，双方的僵持很可能使客户不满意，甚至大动肝火。当客户出现情绪问题时，外贸员不要急着退让，说不定这正是他们的谈判策略。先试着给客户 10 分钟的时间，让客户冷静一下，然后你们再调整情绪与态度继续进行谈判。

外贸谈判的三个阶段

外贸工作就是一个不断沟通、谈判的过程，客户询价时会进行价格谈判，客户在了解产品时就是在进行产品谈判，经过了这两个阶段，外贸员还需要经历交易条件谈判。

做外贸工作，在与客户谈判时，谈判的内容主要分为三个方面，分别是价格谈判、产品谈判、交易条件谈判，由于这三个方面的谈判内容是逐渐递进的，因此，我们可以将其称为谈判的三个阶段。

1. 价格谈判

所谓价格谈判，大多是从客户的询盘开始的。基本上很多客户都会先发邮件询问价格，然后再谈论其他的，如果客户不先问价格，反而会让人觉得对方不是真正想要做生意的，是另有目的。

在这个阶段，外贸员的报价水平决定了是否有机会与客户展开进一步的沟通谈判。至于如何报价、写好报价单，我们在前面已经做了详细的介绍，此处便不再赘述。

小技巧

在互联网时代，价格的透明度很高。所以，不要闭目塞听，除非你处于垄断地位，否则报价就要合理，而不要高得离谱，不然你只会既丢了订单又丢了信誉。

2. 产品谈判

当客户接受了你的产品价格后，你们的谈判就进入到了第二阶段——产品谈判阶段。在这个阶段中，客户会问你产品的细节、参数，以及在实际应用中可能会出现的问题、解决的方式等。

在这个阶段，外贸员要详细地给客户答疑解惑，让客户对这款产品满意，了解这款产品的性能与优势，将其与市面上的其他产品区别开。因此，外贸员要对自己销售的产品有了解，最好能够掌握产品的特性，以便及时、全面地表达出产品的优势，更好地解答客户的疑惑。

小技巧

进入了产品谈判阶段，也不意味着客户就一定会购买你的产品，要说服客户，外贸员就要说出自己的产品好在哪里，而不是一味地告诉客户你的产品好。

3. 交易条件谈判

一般来说，如果客户真的对你的产品感兴趣，想要购买此款产品，那么他们除了会关注价格与产品的细节外，还会反复询问你交易条件，比如付款方式、交货期等。因为这些交易条件在外贸中是很重要的，对一单生意的成交会产生很大的影响。

如果客户只是在前期与你讨论价格和产品的细节，而对其他交易条件只字不提，那么客户很可能只是在比较，只是在做调研，而并不是真正的购买者。

可以说，只有你的报价在客户的心理预期之内，或者在客户可接受的范围内，客户才会有跟你谈论产品特性与细节的可能，而只有你的产品性能满足了客户的要求，客户才会进一步与你商讨其他交易细节，你们才可以进行进一步的交易谈判。

其实，在外贸工作中，如果已经进入了交易谈判的环节，说明客户对你们的产品和价格都比较满意，那么只要你们在交易条件方面下点功夫，客户基本上就会被你们拿下。

当然，也有的外贸员在进行到这一步后还会丢单，不是付款方式无法满足客户的要求，就是出现一些其他的小问题。其实，做外贸工作，外贸员要懂得灵活应对。如果对方提出了一些对你们的成交影响并不大的交易条件，那么以提出其他的条件来交换，满足对方的这个条件也未尝不可，而不必直接将客户挡在门外。毕竟，如果你们已经通过了前面的两关，而被这最后的一个小关卡卡住，那之前的付出与努力不就都白费了吗？

外贸新认识

90%以上的订单都会卡在价格谈判上。不论是对自身产品的价格定位不准，盲目报价，还是寄希望于客户讨价还价，然后自己再降价销售。只要你的价格定得不能让客户满意，那么你就很可能会失去与客户进一步谈判的机会。

资深外贸员的谈判之道

> 谈判很重要，一场成功的谈判会将原本机会渺茫的订单拿下，一场失败的谈判会将原本要到手的订单"拱手让人"。学习那些成功的、资深的外贸员的谈判之道，你在谈判中将会表现得更好。

同样是外贸员，可是有些人就能通过谈判拿下订单，有些人的谈判却屡屡不顺。外贸员的失败除了是因为客户难应付，难道就没有其他原因了吗？应该还有一个最重要的原因：外贸员自身的谈判能力。

资深的外贸员都有自己的谈判方法，他们明白，谈判不是辩论，谈判的最终结果是实现双赢。除了准备好资料，做好成交的充分准备外，他们在谈判中还会关注以下细节。

1. 抓住客户的注意力

人们注意力集中的时间是有限的，一般来说，成年人的注意力集中时间可以保持在 30～40 分钟之间。因此，在谈判的开始，很多资深的外贸员会将此次合作中出现的主要问题提出来，并与客户商讨解决方案。由于客户此时的精力旺盛，注意力也很集中，因此，解决问题的效率会很高。

而在谈判进行了半小时后，资深的外贸员便不会再像之前一样，提出各种各样的问题，而会与客户谈论一些比较容易解决的小问题，或者与客户聊一聊与工作关联不是很密切的话题。

这样的谈判风格看似后期浪费了不少时间，但前期的效率是很高的，而且双方都不会觉得谈判很枯燥，很消耗精力，反而会享受这种沟通协商的过程，从而便于外贸员给客户留下一个好印象。

2. 善于聆听客户的话

什么样的外贸员最惹人烦呢？——总是急于打断客户、反驳客户的外贸员。

资深的外贸员懂得聆听客户的话，不会只顾着自己说，他们知道谈判不是一个人的独角戏，而是一个你来我往的过程。客户说得越多，外贸员就越能了解客户的想法，越能有针对性地给出解决问题的建议。因此，有时候，听客户说比自己说更有利于谈判的顺利进行。

3. 不急于回答客户的问题

当客户问了一个问题后，如果外贸员可以快速回答出来，当然可以突显出外贸员专业的一面，但是有些客户可能也会对这种做法反感，觉得外贸员没有经过认真地思考，只是在随意地应付自己。

而那些成功的、资深的外贸员，很懂得拿捏节奏。当客户提出问题后，他们会犹豫、思考一阵，然后再给出"深思熟虑"的答案，给客户留下"我很负责，我对你们提的问题很重视"的感觉。

小知识

在客户提出问题后，给自己留出时间去思考，也便于外贸员考虑一下客户是否在问题中设置了什么陷阱，是不是在故意试探自己。

4. 初始报价靠谱，但不是最优

很多人都有这样的体验：在购物时，即使对方给出的价格在自己的心理预期内，但还是会试探性地问一句"是否可以降价"。如果对方没有降价，人们会犹豫一下；但如果降价了，大多数人都会毫不犹豫地付钱购买。

其实，在谈判中，很多客户也都存在这样的心理，即使他们觉得这个价格可以接受，但还是会希望对方能再给自己一些优惠。根据客户的这种心理，资深外贸员在进行初始报价时一般就会先报一个靠谱但并非最优的价格。

如果客户真的有合作意向，接下来他们也会稍微给客户降降价，促进成交。若是发现客户很中意产品，但一直在价格上纠结，外贸员通常会在与客户的多次谈判后给客户一个最优价格。

5. 不会忽略客户的同伴

有经验的外贸员会关注与客户同行的每个人的感受。不论对方是什么装扮、什么长相，在谈判时，外贸员都会给予他们足够的尊重与重视，耐心地解答他们提出的问题。

毕竟，与国外客户合作，他们不辞辛苦地远道而来，谈重要的单子，肯定不会随随便便派几个人过来，因此，来的这些人一定有他们来的道理，比如是公司的管理人员、技术人员等，而他们的想法与感受也会在一定程度上影响与外贸员对接工作的客户的想法。

成功不是毫无道理的，失败也不是没有缘由的，多学一学资深的外贸员的谈判之道，你在外贸这个行业才会做得越来越好。

外贸新认识

　　在谈判中，有经验的外贸员会将自己置于一个非决策者的位置上，这样，当对方苦苦相逼时，外贸员就可以表示自己只是按照领导的要求办事，实在没办法再退让。当然，这样做的目的也是想要以一个不错的条件成交。

灵活调整，找到自己的谈判思路

> 说话、做事有思路、有条理才不会凌乱，谈判也同样需要有思路、有条理，不能被客户的思路带跑。外贸员将这些谈判中的小技巧形成自己的谈判思路，然后逐渐将思路变成套路，形成自己的谈判风格，更容易促进成交。

大多数外贸员在谈判时都会跟着客户的节奏走，客户问什么就答什么，客户没有提的问题，外贸员基本不会主动去说。这种谈判风格使得外贸员一直处于被动地位，被客户牵着鼻子走。

要做好谈判，外贸员首先要有自己的谈判思路，知道自己此次谈判要谈论哪些问题，要注意哪些是客户比较关注的问题，从而有针对性地进行谈判，打动客户，使客户信服。这种谈判方式在与较为柔和、不强势的客户合作时会很顺利、高效。

当然，并不是每一次谈判都会让外贸员来主导，尤其是在与比较强势的客户合作时。此时，外贸员就可以灵活地调整自己的谈判策略，积极地解答客户的疑问。在每次谈判结束后，外贸员都可以将谈判中已经解决的与尚未解决、接下来需要重点考虑的问题记在本子上或者手机备忘录上，并与客户核对，这样既便于客户了解你们此次谈判的进展情况，又可以规避重复讨论同一个问题而浪费时间。

不论面对什么样的客户，要让谈判顺利进行，外贸员都需要做好充足的准备，把握好谈判的流程，使谈判能真正有实效，而不是你来我往地互相推诿，结果什么实际性的进展都没有。

一般来说，谈判思路主要包括四项内容，即预估问题→解决问题→提出新问题→解决新问题。

1. 预估问题

预估问题，就是在谈判之前，将客户可能关注的一些问题列出来，并率先在头脑中或者在纸上写出回答，比如价格问题、付款方式、货期保证、操作模式等。这样，无论客户对哪些问题有疑问，外贸员都可以有条不紊地按照准备好的回答来应对客户。如果外贸员足够用心，除了话术，还会准备其他的产品资料等来说服客户，那么谈判的效果就会更好。

2. 解决问题

在谈判开始前，外贸员无法保证谈判肯定会朝着自己预估的方向发展，也有可能会出现其他问题。对于谈判中出现的实际问题，外贸员就要靠自己的专业能力去解决。而如果外贸员在谈判前就做好了充足的准备，那么在出现新问题时，他们也不会表现得过于措手不及。

3. 提出新问题

外贸订单不是一天就能拿下来的，也不是通过一次谈判就能敲定的。可以说，一次谈判无法解决所有的问题，而对于没有解决的新问题，在谈判结束时，外贸员可以与客户协商，下一次沟通主要是解决这些问题。

外贸员也可以询问客户是否还有其他问题，以便他们回去与领导、同事协商，在下一次的谈判交流中可以一并讨论。

4. 解决新问题

到了约定的时间，外贸员可以将之前没有解决的问题与客户讨论清楚，并标明己方的态度与想法。如果还存在其他难以解决的问题，则可以重复"提出新问题→解决新问题"的步骤。

当所有的问题都解决完毕后，外贸员可以列出一张清单，将谈判的结果列出来，并让客户勾选。这样双方都达成了一致协议，很快便能成交。

当然，有些客户不会在谈判结束后就立刻提出签单，如果时机成熟，外贸员可以主动提出来。但是如果你发现客户仍然有疑虑，就可以先问问客户犹豫的原因，然后尽快给出解决方案，争取能够顺利成交。

💼 **外贸新认识**

> 每个人的性格都有大大小小的差异，因此，即使每个人的谈判思路都相同，但风格也可能迥然不同。外贸员不必强行复制他人的谈判风格，只要吸其精华，然后化为己用，形成独具特色的个人风格就好。

将劣势变成谈判中的优势

> 每个人都有优点和缺点，公司也一样，也有自己的优势与劣势。在与客户谈判时，从劣势中找到公司的优势，用这些优势来吸引客户，那么能成功说服客户的概率便会大大提高。

很多外贸员总是抱怨自己的公司小，平台小，很难拿下订单，但实际上，小公司也有小公司的优势，比如管理灵活，效率较高等，这是很多大公司都无法比拟的。因此，外贸员不要总是盯着自己公司的劣势看，不要因为客户说了你们的不足，你就忽略了自己公司的优势。将谈判中的劣势变成优势，将原本没有成交意愿的客户拿下，就是给公司立下一大功。

那么，外贸员要如何将劣势变成优势呢？关键就在于外贸员实事求是地分析本公司与竞争对手公司的优劣势，当然，重点是要强调本公司的优势与竞争对手公司的劣势。当你将这些优劣势列出来以后，客户心中自然会有权衡。

比如，很多外贸员都说自己的公司太小，在与客户谈判时没有说服力，客户也基本不会考虑自己的公司。如果是这样，那你试试强调以下几点。

1. 产品质量有保障

很多客户选择大公司的一个理由便是觉得他们的产品质量有保障，认为小公司的产品质量难以保证。对此，外贸员可以给客户发送样品，或者邀请客户来参观，让客户认识到你们公司虽小，但对产品的质量要求还是蛮高的。

此外，如果公司入行时间较早，有很强的历史积淀，外贸员也可以以此作为优势，毕竟，在竞争激烈的市场环境中，你们公司可以一直做下去，说明还是具备一定的实力的。

2. 公司业务灵活

小公司有一个大公司无法比拟的优势——流程少。小公司的人员结构比较简单，做一项工作有什么新情况或者出现了什么问题，外贸员一般都可以直接汇报给上级领导，或者直接与公司的老板沟通，时效性较强，在解决问题方面也会比较快速。

这种灵活处理问题的优势是很多按照流程办事的大公司无法比拟的，而且，大公司的这种工作方式也常常让很多客户既感到头疼又很无奈。

3. 客户能享受 VIP 服务

通常来说，一家大公司会有很多大客户，而一家小公司往往只有一两个重点客户，因此，作为小公司的外贸员，可以将这一点作为一个优势，比如告诉客户他们是自己公司的重点客户，在自己公司可以享受 VIP 服务，公司会时时以他们的需求为先，率先解决他们的问题，而如果他们与那些大公司合作，那些大公司未必会如此对待他们。

4. 帮客户减少风险

不论是与大公司合作，还是与小公司合作，能否如期交货都是令客户感到不安的问题。因此，当客户已经决定要与大公司合作时，外贸员可以对客户说可以将自己的公司作为一个备选的合作对象，以便分担其无法如期交货的风险。如果客户之前遇到过这种情况，那么他们就很可能会同时选择两到三家供应商，这样，你们也就达成了合作。

在商场上，并没有绝对的优势与劣势，只要你善于观察，善于思考，就可以在原本的劣势中找到优势，从而助你拿下客户。

外贸新认识

有些外贸员总是抱怨外贸业务难做，但不论在什么大环境下，总有一些做得好的公司，小公司也并非完全没有优势。找到小公司与大公司的本质区别，挖掘小公司的优势所在，你的谈判便会更加顺利。

谈判陷入僵局怎么办

在很多人的印象中，谈判似乎都是针锋相对的，但在实际的外贸工作中，谈判更多的是会陷入一种僵局——客户什么表示都没有。此时，外贸员的做法是导致成单与否的关键。

很多外贸员在与客户谈判的过程中，都会进入"无风带"阶段，客户什么表示都没有，既不说某种条件自己是否满意，又不说是否要看样品、看工厂、下单，谈判就这样陷入了僵局。

此时最着急的是外贸员，但令很多外贸员感到为难的是：客户什么表示都没有，要如何打破僵局呢？难不成直接问客户哪里不满意？

一般来说，出现这种情况有多种原因，可能是客户觉得产品的价格太高，也可能是客户并不急着采购，采购计划可能在接下来的两三个月后，也可能是客户觉得某种交易条件不满足自己的要求……

不论是哪种原因，外贸员都要继续跟进，打破僵局。即使客户不急着采购，外贸员也可以给客户留下一个好印象，让客户在采购时能够想起自己，想起自己的产品。

当客户不理你时，你可以采取以下四种方法来应对。

1. 暂时搁置此问题

如果你已经发现了客户对你的态度并不像之前那么积极了，那么你可以翻翻以往的邮件，看看客户是对哪些条件不太满意。然后你可以将这个问题暂时搁置，与客户先谈论其他问题，等客户对产品了解得足够深入后，再来讨论这个问题。

暂时搁置只是目前不谈这个问题，而要将这些时间用来谈论其他问题，外贸员要注意，不要晾着客户，不要因为客户不理你，你就不理他，要知道，晾着晾着，你可能就会失去客户。

2. 邀请参观

客户都会对比好几家产品，有些产品细节即使你在邮件中写得很清楚，但是如果客户并没有很关注这一点，就可能被忽视。因此，即使你的产品性能优于其他人，客户也并不会有太直观的感受。所以，当谈判陷入僵局时，当客户对你们的产品性价比感到怀疑时，你就可以邀请客户参观你们的公司、工厂，并详细地向客户介绍你们产品的独特优势。

当然，如果客户很忙，或者不方便过来，你也可以先免费邮寄样品，让客户感受到你的诚意，也看到你们产品的质量。

3. 视频推进

如果无法寄送样品，客户也不方便过来参观，但是又对产品有疑虑时，你可以利用视频来推进谈判。可以是产品生产过程的视频，可以是产品从最初到成品的剪辑视频，也可以是你与客户通过网络视频，让客户通过屏幕亲眼看到产品，从而让客户放心。

4. 换人跟进

如果客户对与你继续沟通谈判不再抱有期望，可能是觉得你已经尽了自己的最大努力，但仍然没有达到客户的标准线，此时就需要团队配合了。

你可以把客户的联系方式告诉你上一级的领导，让他再与这位客户联系，看看对方到底是哪里不满意，想要以什么价格、什么条件成交。

换人跟进并不是简单地换一个人，而是要通过不同的人了解客户的成交价格，只要在公司允许的范围内满足客户的需求即可，这也是在为成交铺路。

谈判陷入僵局是谈判即将破裂的征兆，但是如果外贸员可以很好地推进谈判，还是有可能打破僵局，将谈判拉入正轨的。所以，即使谈判陷入了僵局，也不要急着放弃客户，多想一想其他解决办法，也许当前的问题就迎刃而解了。

外贸新认识

在谈判陷入僵局后，从客户个人的兴趣爱好或者关注点入手也是一个打破僵局的办法。当客户对你的印象好转后，也会再给你机会介绍自己的产品，但最终想要成交，还是需要你的成交条件足够好，足够打动客户。

高手支着：谈判中易导致丢单的细节

> 谈判除了要具备专业的知识外，还需要有一定的职业素养。谈判中的很多细节都能显示出一个人的职业水平，而很多外贸员丢单的原因，就在于他们的职业水平不到位，没有处理好谈判中的细节。

谈判的最终目的是成交，是能够拿下客户、拿下订单。但是很多外贸员在实际工作中，都会因为细节上出现失误而导致丢单，致使之前付出的努力全都付诸东流。有些细节虽然看似微不足道，经常会被一些外贸员忽视，但这往往会对成交产生不利的影响。

那么，在与客户谈判的过程中，外贸员要注意哪些细节呢？主要包括以下六点。

1. 切忌用公司规定说事

很多外贸员在与客户沟通合作的条件、具体事宜时，经常会拿公司的规定说事。比如当客户要求产品的价格再低一点时，外贸员回复说这是公司规定的底价了，不能再低了；当客户要求付款方式为 L/C 时，外贸员回复说公司规定只做 T/T。一味地拿公司的规定说事，生硬地拒绝客户，只会让客户觉得外贸员没有诚意合作，从而使双方之间的隔阂增大，让客户不想继续与你合作。因此，切忌拿公司的规定说事。

2. 切忌泄露商业机密

有些外贸员跟客户沟通得很顺利，私下也觉得自己与客户谈得来，于是当客户询问一些商业问题时，外贸员也不太设防，结果一不小心泄露了商业机密，导致原本能成的订单丢了。比如，在沟通中，外贸员透露了其他能做这种产品的工厂，客户因此找到了更低价的供应商；或者客户了解到竞争对手的产品性价比更高，因而直接与他们签订了合同。

外贸员一定要谨记，不论你与客户谈得多么投机，私下是多么好的朋友，但是在商场上，你还是要具备自己的职业素养，保守商业机密，不要让客户有机可乘。

3. 避免说多错多

每款产品都有自身的优势与不足，但只要这些不足不影响产品的正常使用，不会带来其他问题，这些不足在产品的优势面前也会显得微不足道，客户在选购此类产品时也不会过多地关注这个问题。

但有时候，外贸员为了突显自己的专业，或者为了让客户放心，反而会将产品可能会出现的问题说出来，比如说市面上很多产品都有密封问题，但是自己的产品质量是过关的，在密封方面从未出过问题。

当外贸员这样说过之后，原本并未关注密封性能的客户反而会对密封性要求很高。即使外贸员只是一句话代过，客户也会"听者有心"，对产品的质量存疑。

所以，外贸员不要什么都说，既然没问题，客户也没有提出异议，你为什么还要多此一举呢？你没说，客户可能会放心地下单；你说了，客户就会担心产品迟早会出现这样的问题，因而会对是否下单心存疑虑，这种疑虑会大大降低客户下单的概率。

4. 不要有错不改

在谈判时难免会因为紧张或者记不清而出现错误，比如说错了成交价格、交易条件等，此时，外贸员最应该做的是及时纠正自己的错误，而不是试图搪塞过去。试想一下，如果你此时的错误被对方当成是最后的成交条件，那么你接下来如何处理这个可能会引发的大问题呢？

很多外贸员都觉得谈判是一项十分正式而又重要的工作，容不得一丝错误。确实，谈判很重要，但更重要的是双方的谈判结果能使双方都满意，即使你在谈判中犯了一个错误，只要及时纠正了，结果就还是好的，对双方最终的成交也不会产生不利的影响。所以，有错就要及时改，否则酿成大错悔之晚矣。

5. 说话切忌模棱两可，不懂装懂

外贸员需要与各个国家的客户打交道，而除了产品的专业方面，语言方面也是一大难关。

有时候，客户发过来的一些邮件，有些句子外贸员可能读不通，不了解客户想要表达的到底是什么意思，但是外贸员为了显示自己的专业，没有向客户确认，反而凭着自己的感觉给客户回复了一封模棱两可的邮件，比如告诉客户公司很希望能跟对方合作，希望双方有问题及时沟通，合作愉快之类的。

客户收到这样的邮件，发现自己上一封邮件中的问题没解决，就还会发一封类似的邮件。如果客户表述得不清楚，或者表述比较复杂，那么外贸员还是无法得知客户的真正意图，导致沟通没有实质性的进展。而在客户看来，外贸员这种没有实质性信息的邮件更像是垃圾邮件，他们心中慢慢也会对这次合作存疑。

做生意不怕不懂，就怕不懂装懂。语言不通，理解上有障碍，这都是

可以理解的。所以，如果你也存在类似的疑惑，不要犹豫了，主动问清客户的目的，这样问题才能被高效地解决。

6. 不要忽略客户的感受

有些外贸员在与客户谈业务时，由于种种原因，可能会对客户不太重视，因而忽略客户的感受。比如认为对方不是大客户，不是公司要开发的重点客户，于是与自己的同事在一旁聊天，不理会客户；或者是在沟通的过程中表现得很忙，总是让客户等着。外贸员这样的表现会让客户觉得自己被忽视了，没有得到足够的尊重，他们自然也就不愿意跟这样的外贸员合作。

谈判需要专业加职业，一个不经意的小细节都可能影响成交。因此，外贸员应该努力做好每一个细节，不因自己的失误而丢掉订单。

■ 外贸新认识

与客户谈判是一项比较灵活的工作，外贸员不必战战兢兢，要以一种放松的心态与客户交流，但要注意分寸，尊重客户，灵活地应对客户提出的问题，这样谈判才会取得好的效果。

第七章
异议也是突破口，消除疑虑才能助力成交

→

　　由于双方的立场不同，客户提出异议是很正常的。比如对产品的品质存在疑问，希望产品的价格可以再低一点；对交易条件不满等。虽然很多异议并不令人感到愉快，但是异议也并非只有坏处，没有好处。如果外贸员可以将客户的异议当作突破口，妥善地进行处理，那么成交的概率就会大大增加。

　　销售过程就是一个不断提出异议又处理异议的过程，所以外贸员要用正确的心态看待客户的异议，积极地消除客户的疑虑，让客户可以放心下单。

反对意见不可怕，解决分歧照样成交

　　外贸员与客户是竞争与合作共存的一种关系。外贸员更希望能够以更高的价格、对己方更有利的条件卖出；而客户更希望能够以更低的价格、对己方更有利的条件买入。这种立场的不同，很容易使双方之间出现分歧。而从另一个角度说，外贸员与客户不断地谈判，从而达到双方都能接受的一个平衡点，使双方都能有收益，这便是合作的价值。

　　在外贸工作中，异议几乎是不可避免的。毕竟，客户不会全盘接受你的所有要求，比如价格、付款方式、交货期、产品包装等，客户总有与你有分歧的地方。客户提出反对意见，跟你有分歧并不代表这笔订单就飞了，只要你解决好分歧，让客户接受你的新提议，那么照样可以成交。

　　有些外贸员可能会疑惑：如果客户有异议，那不就无法成交了吗？难道我还能强迫客户与我签单吗？其实，客户有异议不代表他对你的产品没兴趣，不代表他不想做这笔生意。相反，他们可能很想做这笔生意，想要给自己争取更大的利益。比如，客户可能会用如下方式表达异议：

　　◎你们公司的产品与××公司的有什么区别吗？

　　◎你们公司的产品价格太高了吧！比我们之前合作的供应商高太

多了。

◎我们对其他条件很满意，但是这种付款方式我们很难接受。

◎听说你们的产品质量不是很稳定啊。

……

客户总是会通过各种各样的异议来达到自己的目的，可以说，外贸员的任务就是不断地解决客户的异议，与客户达成共识。所以，当客户提出反对意见时，你不要因为害怕丢了订单而一再退让，关键是要知道客户为什么会提出这样的异议，他们对这款产品的要求有哪些，想要利用这款产品解决什么样的问题，达到什么样的目标。

比方说，你去商场购物，跟导购员说自己需要买一条长裤。刚开始，导购员可能会给你介绍几款店里卖得比较火的长裤，但你很可能都看不上。接下来，在经过一段时间的交谈之后，你向导购员透露，因为自己的腿比较粗，所以不喜欢穿短裤，想要穿长裤把粗腿遮起来。这时，导购员就了解了你的真正意图，此时，他们就会给你推荐符合你要求的裤子或者裙子。如果你对穿裤子还是裙子并不是太在意的话，那么结果你很可能高高兴兴地买了一条裙子回去。

同理，外贸员要做的就是戳中客户心中的痛点，了解他们的真正需求，然后尽量去满足他们的这种需求。这样来处理客户的异议，效果会好得多。

在处理客户的异议时，要注意一点：客户提出的异议是客观事实，还是他的主观观点。

小技巧

在大多数情况下，客户提出的异议都是他们自己的主观看法。

如果是客观事实，由于事实具有可验证性，那么外贸员可以通过证伪的方式消除客户的异议。

如果是主观观点，那么外贸员就不能与客户硬碰硬，直接指出客户不对。此时，外贸员可以采取以下两种方式消除客户的分歧。

1. 尊重客户的观点

尊重不代表接受，而是不与客户硬碰硬地交流，不直接顶撞客户。比如，当客户认为某个供应商很讲诚信，与他们合作，己方能获得更多的好处和利益时，即使这个供应商的风评并不是那么好，你也没必要直接跟客户说他的想法不对，而应该说："我们的诚信也很好，与我们合作时您不用担心会出什么错误，我们承诺过的一定会努力办到。"

小技巧

不去挑战客户的认知，而去刷新客户的认知，更有助于客户接受我们的观点。

2. 将主观观点转为客观事实

在外贸工作中，外贸员经常会将客观事实与客户的主观观点相混淆，比如客户说产品的价格高，外贸员就会反驳"我们的产品价格并不高，跟市场价差不多"，但是客户依然不会改变自己的想法，此时双方就容易陷入无法跟进交易的怪圈中。

其实，很多时候，客户说产品的价格高，是他们的主观观点，这种主观观点是很难通过三言两语而改变的。因此，最好的办法就是将客户的主观观点转变成客观事实，引导客户说出有这种想法的原因，比如："您为什么说我们的产品价格高？我们的价格是比市场价高了，还是比竞争对手的价格高了？如果高了，那高出多少呢？"

此时，客户就会被外贸员带入事实情境中，依据事实情况去思考，从而得出一个事实论述。比如"你们的 A 型产品比竞争对手的 B 型产品价格高 20%""你们的 A 型产品与竞争对手的 A 型产品报价相差不大"等。

一般来说，只要客户描述的是客观事实，外贸员就可以通过摆数据、讲事实的方式说服客户，让客户看到产品价格背后所带来的价值。比如，产品质量更好，付款方式更灵活，售后服务更有保障等，这些都会成为外贸员说服客户的关键点。

很多外贸员都秉持着这样一种理念："销售是从被拒绝开始的。"由于买卖双方所占的角度和立场不同，对利益的认知也不一样，因而双方存在分歧是再正常不过的事了。因此，当客户出现反对意见，与我们的想法、初衷相违背时，外贸员要做的就是找到客户的需求痛点，引导客户与我们产生同样的认知，从而解决好客户的异议。

外贸新认识

在成熟的外贸员看来，表达异议的客户更有可能是会下单的潜在客户，客户表达了自己对产品的异议，外贸员就多了一分成交的希望。当然，成交的前提是可以妥善处理客户的异议。

从客户的异议探寻其真正意图

> 客户的异议暴露了他的兴趣、关注与顾虑的方面。异议背后通常隐藏着客户的真实意图。探寻出客户的真实意图，满足客户的要求，解决客户的顾虑，才能更好地促进成交。

虽然客户的异议并不令人感到愉快，但是异议说明客户有合作的意愿，只是在合作之前还有些顾虑。而要解决客户的异议，外贸员就需要了解客户产生异议的真实原因，探寻其异议背后的真正意图，即想达到什么样的目的，比如低价、有保障的售后服务等。

异议是帮助外贸员从客户身上获取信息的方式，也是外贸员与客户建立良好的合作关系的机会。如果外贸员很好地满足了客户的需求，解决了客户的异议，就能真正获得客户的认同，进而成功拿下订单。

那么，外贸员要怎样探寻客户的真正意图，找到客户异议的关键点呢？通常来说，外贸员可以采取以下方式：

1. 反问法

当客户提出异议时，外贸员可以反问客户，探究一下客户的心理预期，以便可以顺利地开展接下来的工作。比如，当客户提出这样的异议："你们的产品价格太高了。"此时，外贸员不妨反问一下："您觉得什么样的价格比较合适呢？"

　　如果此时客户说出了一个与以往成交价差不多的价格，那么外贸员就基本可以判断客户是有心做生意的，他们提出的异议是真实的异议。

　　为了以最低的价格成交，客户也可能会故意压低价格，这就需要外贸员根据自己的经验去判断了。但是要谨记一点，客户压低价格也是为了以更划算的价格成交。

　　2. 事实论证法

　　当客户对产品的价格、质量、性能等方面存在异议时，事实论证法是最能让客户信服的方法之一。对于价格异议，外贸员可以列出当前的市场价、最近几笔订单的成交价等；对于质量异议，外贸员可以向客户出示权威机构的检测报告、产品质量合格证书等。如果客户心存担忧，外贸员还可以带客户到工厂进行实地考察。

　　如果客户在这些证明前还是心存疑虑，那么他们的异议很可能不是这些，重点关注的是其他方面。

　　3. 假设成交法

　　在一次成交的过程中，客户提出的异议可能不止一种，有时候，外贸员解决了一个异议，客户还会再提出另一个异议。而如果要全部满足客户的要求，那么外贸员就会处于十分被动的位置。因此，当客户提出了某个异议后，外贸员就可以询问客户："如果这个问题解决的话，您是不是就决定采购了呢？"

　　如果客户的回答是肯定的，那么这个异议就是他们的关注点，是成交与否的关键点。那么外贸员就应该尽力满足客户的这个要求，处理好这个异议。

反之，如果客户不给以肯定回答，那么可能说明他们关注的其他点也存在异议。

当然，有些并没有购买需求的客户，也会提出一些虚假的异议来拒绝外贸员，这就需要外贸员在与客户沟通的过程中去分辨客户异议的真假。

通常来说，当客户对产品了解得很详细，提出的异议比较具体时，客户就是真正有购买需求的，此时，他们提出的就是真的异议。如果解决了这个异议，那么客户很可能就会与你签单。而如果客户在说明自己的异议时含糊其辞，态度敷衍，那么就很可能是暂时不需要采购此类产品。

■ 外贸新认识

> 由于外贸工作的特殊性，外贸员很少能够长时间直接与客户面对面接触，因此一般察言观色的方法，外贸员很少能用到。这就需要外贸员在平时的邮件、电话沟通中要仔细观察，以便对客户有进一步的了解，在遇到异议时可以更好地处理。

将心比心，妥善处理双方的分歧

要处理客户的异议与分歧，外贸员要做好充足的准备，用自己的诚意消除客户的疑虑与误解。

前面我们已经提到，外贸工作中，有客户异议是不可避免的，但是有经验的外贸员会对客户的异议给出一个圆满的回复，让客户不再继续纠结于此。

无论做什么事，我们都不能随心所欲，想怎么做就怎么做，而需要遵循一定的原则、法则等，在处理客户的异议、分歧时，外贸员同样也要遵循一些原则。总的来说，要应对客户的分歧，外贸员应遵循以下四个原则。

1. 做好充足的准备

有经验的外贸员在与客户打交道之前，会做好比较充足的准备，比如预想出客户可能会提出的异议，并提前想好如何回答。当然，客户也有可能提出外贸员没有预想过的异议，这就需要外贸员在当时的应对工作中根据实际情况来处理。但是只要外贸员准备充足，将公司可以接受的合作范围记清楚，将产品的特点等记牢靠，那么即使客户提出意料之外的异议，外贸员也不至于太慌张，可以妥善地回复、处理。

2. 态度诚恳，表明诚意

当客户提出反对意见时，外贸员心情急躁、感到不舒服是正常的，但是外贸员应该学会掩饰自己的情绪，调整心态，表现出对客户的尊重。越是此时，外贸员就越需要态度诚恳，让客户感受到你的诚意，知道你会妥善处理他们的异议。

此时，外贸员可以这样来表明诚意："您这样考虑是很正常的，我们也可以理解，不过……""我这就跟经理联系，希望能帮您争取到一个合适的条件……"

3. 及时回复，把握时机

不论客户的异议是否可以妥善地解决，外贸员都应该及时回复客户，而不应该让客户一直等下去。一般来说，绝大多数客户的异议都需要即时回答，如果无法当即做出决定，那么也要给客户一个期限，告诉客户，你什么时候可以处理好这个问题，什么时候会给他回复。当然，这个回复的时间也不能拖得太长。这既是对客户的尊重，也是促使客户购买的需要。

很多客户都比较在意外贸员的服务细节，如果外贸员一直对客户的异议不予回复，那么客户就会觉得外贸员不够上心，服务不够积极，那么换外贸员就是他们必然的选择了。

4. 消除疑虑与误解

有时候，客户与外贸员之间的分歧是由客户的疑虑与误解造成的，这就需要外贸员先消除客户的疑虑与误解。

客户出现疑虑，说明他们需要保证，需要有力的证据，那么外贸员就应该提供给客户相应的资料，让客户在事实证据面前疑虑全消。

当客户出现误解时，比如发给客户的资料时间有点长，没有及时更新，对产品的性能不了解，因而认为产品不值这个价钱等，外贸员都需要先听听客户的想法，对哪里不满意，有什么样的误解，然后再澄清误会，消除误解。

外贸员一定要认识到，客户提出异议并不是故意要与我们作对，外贸员更不应该将自己和客户对立起来。给予客户足够的理解与尊重，在处理客户的异议时会更顺利。

外贸新认识

通常来说，外贸员直接反驳客户很容易陷入与客户的争辩之中，因此，言辞委婉是外贸员解决双方分歧的常态。但是，当客户对自己公司的服务、诚信等有所怀疑时，外贸员也可以采取特殊事情特殊对待的策略，直接反驳对方的错误观点，将这种误解及时清除。

心平气和，不用争辩解决异议

> 争辩不能解决异议，只会加剧矛盾。与客户沟通，并不是谁的声音大谁就有理。所以，不要像小孩子一样与客户争辩，而应该充分发挥你的专业技能，完美地解决客户的异议。

当客户提出异议时，外贸员应该避免与客户争论，否则只会加剧矛盾。即使你说的都是事实，都是正确的，但是客户不认同、不接受，那你也无法达到自己的成交目的。因此，心平气和地与客户交流，从客户的关注点出发去说服客户，让客户保持心理平衡，才能更好地解决异议，助力成交。

【案例】

外贸员：下线经销商是不是有人抱怨现在的产品使用起来不方便，机器隔段时间就得重启？

客户：是的，不过只有很少一部分抱怨过。

外贸员：如果在机器使用过程中需要重启，那会造成什么样的结果呢？

客户：一般情况下，机器重启需要花费半个小时左右，在开机的过程中还需要重新设置参数，会降低工作效率。

外贸员：这个问题难道只有一小部分经销商反映过吗？那些没有反映的经销商，产品是不是也有类似的问题呢？

客户：应该也有，可能有些经销商比较忙，暂时还没有时间来处理这类问题。

外贸员：如果这个问题是普遍性的，那对你们的信誉是不是会有影响呢？如果您继续购进同样的产品，是不是有些经销商会减少订单量呢？

客户：确实有这个可能性。

外贸员：我们新更新了一款系统，不仅加快了机器的运行速度，还弥补了原来系统的一些漏洞，比如需要隔段时间就重启。运用这款系统，生产效率是原来机器的 1.5 倍。

客户：价格怎么样呢？

外贸员：我们这款系统的产品价格比之前的贵 10%，但从整体上来看，绝对是物超所值的。

客户：好，我考虑考虑。

虽然这位客户一开始没有要更换产品的意思，与外贸员的想法相违背，但是外贸员并没有将自己的想法强加给客户，更没有与客户针锋相对地去争辩，而是顺着客户的思路，用他们的思维去说服客户，从而提高了成交的可能性。

在外贸工作中，外贸员要谨记一点：并不是谁有理谁就能获胜，而且，即使你在争辩中赢了客户，但是客户却不再认同你、信赖你，最终你得到的只会是订单丢失、客户丢失，从成交的结果来看，还是失败的。

外贸新认识

外贸员不要直接反驳客户，可以通过询问的方式把握客户的真正异议点。了解了客户产生反对意见的真正原因，外贸员就可以更好地解决客户的问题，处理客户的异议。

遇到意外麻烦，要做好危机公关

> 危机公关，简单来说，就是针对出现的危机所采取的措施。危机公关要做得切实有效，才能真正解决问题。

什么是危机公关？危机公关是指应对危机的有关机制，它具有意外性、聚焦性、破坏性和紧迫性。危机公关具体是指机构或企业为避免或者减轻危机所带来的严重损害和威胁，从而有组织、有计划地学习、制订和实施一系列管理措施和应对策略，包括危机的规避、控制、解决以及危机解决后的复兴等不断学习和适应的动态过程。

将这个词应用到外贸中，我们就可以这样理解：由于公司的管理不善、遭遇同行的竞争或者外界特殊事件以及意料之外情况的影响，而给公司带来不利影响，比如影响公司的名誉和品牌，减少或损失订单量等，面对这种危机，公司以及外贸员应该采取的应对措施。

要做好危机公关，外贸员首先要知道一个处事准则：先不归责，不管是谁的责任，首先要承担责任，解决问题，然后再讨论由谁负责，或者各承担多少责任。

小技巧

如果一遇到问题，你就忙着推卸责任，撇清自己的关系，那么客户只会觉得你没担当，不论结果是不是你的责任，客户都不会再与你继续合作。

在外贸工作中，我们无法避免一些意外事件的发生，可能会出现产品问题，比如有的产品可能本身并没有质量问题，但是由于操作不当而引发了火灾或者伤亡事故；有的产品可能在运输过程中发生了损坏，或者由于包装不仔细而使产品损坏等；也可能会出现没有按时发货等情况。因此，危机公关很重要。

虽然我们无法避免意外事件的发生，但是可以通过良好的危机公关来减轻这些事件所带来的不良影响。在做危机公关时，外贸员要确保以下两点：一是要消除危机所带来的危害与影响；二是要维护公司的利益，不能为了解决问题而随意损害公司的利益。

那么，外贸员要怎么做好危机公关呢？

1. 提出解决方案

当发生一些意外事件时，外贸员首先要做的就是提出解决方案，尽量将这次意外事件给客户造成的损失降到最低。

比如，客户有一批很着急的货，明确要求这周一定要到货，但是你没有订到这周的船，如果你只是在给自己找理由，那么肯定会得罪客户，影响接下来的合作。此时，外贸员就要尽自己最大的努力去满足客户的要求，申请一艘最近的船，尽量让客户按时收到货。如果你自己做不到，也可以申请领导的帮助。

外贸员一定要记住，当发生危机事件时，提出解决方案、给客户解决问题是最重要的。先给客户吃一颗定心丸，让客户静下心来跟你们谈判，总比闹僵无法挽回好。

　　每一位客户都值得你用全心去对待，丢失了一位客户，损失的可能是好几笔大单，而要想再挽回客户，让客户回心转意，可谓难上加难。

2. 弄清事情的原委

发生了危机情况，未必就是外贸员的责任，也可能是客户方存在什么过失。因此，外贸员没必要把所有责任都往自己身上揽。当客户知道你们不会推卸责任，会帮助解决问题后，他们也会愿意与你们沟通的。所以，第二步的做法就是要弄清事情的原委，这样做既便于接下来的追责与谈判，又可以避免此类事件再次发生。

在这一步骤中，外贸员同样要保持客观的姿态，不要觉得在发货前已经检查过关，对方一收到货就与自己无关了，不论出现什么情况都是客户方的责任。如果你有这样的想法，那客户就不会再继续跟你合作下去。记住，弄清事实，找出原因，才是你在这一阶段的主要目的，不要急着给客户下"判决"。

3. 找到一个平衡点

当弄清事情的原委后，双方就可以商量责任承担比例了。这并不是很容易就能够确定的，一般都需要展开一场拉锯战。外贸员既要保证自己公司的利益，又不能让客户觉得己方吃亏了。因此，在不断谈判中找到一个双方都能接受的平衡点，是这一阶段的主要任务。

通常来说，确定了双方的责任归属后，客户方便会索要金额。此时，外贸员可以灵活地变通下，比如选择分期付款的方式，在客户接下来的采购订单中逐渐扣除费用，或者给客户多补发一些货等。

4. 为对方负责人说好话

一般来说，当客户发现产品的问题时，采购负责人就首当其冲被问责，而当客户与外贸员联系时，如果外贸员还不予理睬，不积极主动解决问题，反而将错误和责任都归咎到采购员头上，那么接下来这个采购员肯定会找别的外贸员合作。

所以，外贸员要为对方的采购负责人说好话，比如表示对方很负责，你们在检查产品的时候也都很认真，但是没想到还是出现了这样的问题等。要知道，这样做并不是你的损失，而是帮你赢得对方的好感与信任的机会。只要这次的事件圆满解决了，那么采购负责人接下来肯定还会找你下单。

意外事件总是难以避免，但是良好的危机公关不仅不会让你丢掉客户，反而还会帮你将原本想要取消合作的客户变成忠实的老客户，让你因此收获更多的订单。

■ 外贸新认识

危机，解决不好是危害，解决好了就是机遇。用积极、正确的心态看待危机，降低意外事件的负面影响，甚至有可能将坏事变成好事，为外贸员赢得更多的订单。

高手支着：外贸员应该知道的工作准则

拿下客户意味着外贸员可以成功签单，拿下领导和同事意味着外贸员的日常工作会更顺利。

做外贸工作，外贸员除了要跟客户打交道，要不断提升自己的专业能力以外，也要处理好同事和领导的关系。如果外贸员无法与同事和领导搞好关系，那么工作做起来就会很麻烦。每个行业都有每个行业的行为工作准则，在外贸行业中，外贸员也需要谨记以下行为工作准则。

1. 学过了不等于会用了

现在在网上查资料的人越来越多，很多外贸员也都喜欢在网上查相关资料，当在网上得到了答案后，外贸员便不再深究，而认为自己已经学会了。外贸工作也不是在理论中就能掌握的，外贸员需要在实践中不断练习、操作。而且，外贸工作不是考试，不是找到了答案就算过关了，你真正能把答案吃透、能在实际工作中熟练地运用才是最重要的。

所以，千万不要纸上谈兵，不要觉得自己学过了就懂了，就会用了。在实践中，你才能真正地掌握某项技能，你才会发现有用的知识。

2. 不要抢同事的资源

通常来说，资源是与利益挂钩的，这个利益并非仅仅指金钱，也可以是机遇、客户、询盘等。当然,很多外贸员都不会刻意去抢同事的客户,但除了客户,其他资源也是不可以共享的。

比如,有些新入职的外贸员为了更好地为公司服务,可能会想让老外贸员给自己分享一下与公司合作的供应商的联系方式,以便自己拿下单子的速度更快。但实际上这些老外贸员根本不会把这些信息分享给他。

其实,这一点很好理解。试想一下,如果老外贸员将自己手中的供应商分享给你,那你是不是还会与其他供应商比价呢?如果你通过对比后发现这个供应商并非是最优选择,他们给的价钱也并不是很划算,那你会怎么做呢?将你的调查结果告诉领导,然后更换供应商吗?如果是这样,那你的那位同事怎么办?他是不是做了出力不讨好的事情呢?

每个人都会考虑自己的利益,虽然你从公司的角度出发,想要整合资源,但是对同事个人来说,你这种做法就是在抢他们的资源。

3. 不要越级报告

职场行业规则之一就是禁止越级打报告,很多人在公司内部都不会犯这样的错误,但是在外贸工作中,有些外贸员却会主动做这样的事,直接联系与自己对接的负责人的领导,以便更快速地开展工作。

每个人都有自己的立场和想法,在外贸工作中,多从对方的立场出发考虑问题,你就能避免很多因为自己行为不当而出现的麻烦。

📁 外贸新认识

外贸员不仅要提升自己的能力,搞好工作,还要与同事建立良好的关系,这是一种为人处事的思维方式,也是高情商的表现。

第八章
重视客户体验感，提升订单转化率

→

  在跟进客户的过程中，如果外贸员的表现让客户不满意，那么丢掉订单的可能性就会变得很大。在这一环节中，外贸员不免会心急，想要尽早拿下客户，拿下订单，可是越着急越容易激怒客户，丢掉订单。

  要提高订单的转化率，外贸员就要掌握跟进客户的技巧。既不要咄咄逼人，催促客户尽早做决定；又不要放任客户不管，任由客户一直拖着。应该注重客户的体验感，注重为彼此营造一个舒适的合作氛围，通过引导客户的方式拿下订单，而不是指挥客户去做决定。

订单是"跟"出来的

> 跟进客户不是催促客户，更不是给客户洗脑，而是通过发送一些有价值的信息，让客户对你刮目相看，印象深刻，从而使你在众多外贸员中脱颖而出，成为客户想合作的那一个。

不是每一次跟进客户都能拿下订单，很多时候，即使外贸员做了充分的准备，也多次与客户保持联系，但客户就是不下订单，比如当客户有稳定的合作供应商，或者客户目前没有采购意愿时。

有些外贸员可能就会疑惑：既然跟进客户没用，那为什么还要在这上面浪费时间和精力呢？把这些时间和精力用到开发新客户或者维护老客户上不是更好吗？

虽然跟进客户不能让你直接拿下订单，但若时常与客户保持联系，那么当客户有采购意愿时自然会愿意联系你，而不是联系那些只发了一封开发邮件或者两封报价邮件的外贸员。

那么，外贸员到底要怎么跟进客户呢？跟进客户时谈些什么才会让客户觉得有价值，才能提升自己在客户心中的地位呢？

一般来说，跟进客户时除了要谈论客户个人的兴趣爱好外，主要是谈论那些对客户来说有价值的话题，比如近期的产品价格变化，行业的发展状况与趋势，或者与本产品相关的市场情况等。

1. 产品价格变化

即使客户没有明确表示会购买你的产品，你还是可以周期性地将产品的价格发给客户，如果价格的变动比较频繁，你也可以频繁地给客户发一些邮件，并在邮件中标注价格的有效期。

客户肯定也会关注这些产品的市场价格，但是他们可能没有那么敏感。而你持续地跟进客户，与客户保持联系，客户看到之后也会求证一下，如果有机会，客户还会与你进一步接触。

2. 行业发展趋势

有些产品在一年中的某个时间段内会比较紧俏，价格较高，或者由于某些会议、活动等，有些产品会暂停销售。对于这些类型的产品，外贸员就可以提前给客户发邮件，告诉客户自己的预测，让客户提前做好备货准备。如果客户真的需要产品，那么他们很可能会考虑从你这里备货，从而促成交易。

当然，你的预测要有根据，能让客户信服，而不是为了成交而故意撒谎欺骗客户。客户也不会因为你的三言两语就上当，他们也会用自己的渠道去求证你所说事情的真假。

3. 相关产品市场情况

你只销售这一款产品，但是客户并非只需要购买这一种产品。一般来说，将与你销售的产品相关的产品的市场情况告诉客户，也算是帮助客户搜集信息，这样会很容易获得客户的好感。

总之，跟进客户是很重要且不容忽视的一个环节，在跟进客户时，外贸员要说对客户有价值、有用的信息，而不仅仅是单一地介绍自己的产品多么多么好。向客户表现出你具有全局观、专业性的一面，你拿下订单的概率会大得多。

📖 外贸新认识

　　跟进客户不同于骚扰客户，一味地推销只会起到反作用，惹怒客户，甚至会导致客户把你拉黑。而向客户传达那些对他们来说有价值的信息，外贸员拿下订单的概率就会高得多。

要做好外贸员，打电话是基本素质

　　打电话从来就不是一件简单的事情，尤其是与国际客户联系时。但是电话沟通有时候比邮件沟通更及时、更有效，因此，打电话跟进客户是比较好用的一种方法。那么，打电话时外贸员该怎么说、说些什么呢？

　　在跟进客户时，邮件确实是一个不错的方法，给客户发邮件对客户来说是一种最低程度的打扰，但是邮件也有一些限制，比如无法即时沟通，有时候一个问题需要发好几封邮件，效率较低。而电话则可以有效地提高沟通效率，通过即时沟通快速而直接地解决问题。当然，有些问题也不是一通电话就能解决的，还需要具体情况具体分析。

　　有些外贸员借口自己的口语不好而拒绝给客户打电话，其实，现在网络科技十分发达，即使不打电话，利用网络进行视频通话、语音通话等也十分方便。而且，如果你觉得自己的口语不好，也可以借助翻译软件，所以，这并不能成为外贸员拒绝给客户打电话的理由。

　　那么，给客户打电话要注意些什么呢？怎么跟客户沟通才不会让客户反感呢？

　　一般来说，给客户打电话需要注意以下几点。

1. 简短的自我介绍

给客户打电话，外贸员首先要简单地问候下，并做下自我介绍，而不是直接说明自己的来意，以免让客户觉得突兀。

在进行自我介绍时，需要说明自己的名字和公司名，以便客户对号入座。比如："Excuse me, this is ×× company, this is ××."

如果你的公司名太长，你也可以用简称，如果你的公司没有给客户留下深刻的印象，在自我介绍时，你也可以说明自己是 ×× 公司（×× 是客户比较熟悉的公司或者是行业内的前几名公司）的同行，这样客户就会很容易记住你。

2. 询问客户是否方便

外贸员给客户打电话时，客户很可能在忙其他的事情，无暇顾及跟你讲电话。所以，出于礼貌，也出于不让对方反感，外贸员在打电话之前先跟客户沟通一下，找一个客户方便的时间会比较好。但是当客户一直不回复时，外贸员也不应该一直无限期地等下去。

当客户接通电话，外贸员在做完简短的自我介绍后，就可以询问客户是否方便讲电话，如果不方便，在两小时后或者什么时间方便等。如果客户的态度非常强硬，不愿意跟你谈，那么这个客户基本上就可以放弃了。

3. 设计好谈话主题

给客户打电话的目的是要推进订单，或者推进谈判，而不是要与客户唠家常，所以，在打电话前，外贸员应该设计好谈话的主题，明确自己此次打电话的目的，知道自己要解决哪些问题，获取哪些答案。

外贸员可以将自己想要问的内容列在一张纸上，以便提示自己不跑题，也不会被客户带跑。而且，当外贸员不知道要谈什么的时候，这张纸也可以提供一个思路。

外贸员设计的谈话主题最好是客户感兴趣的，想要探讨和了解的。这样客户也会更愿意与你继续交谈下去。

4. 为下次谈话做铺垫

要想拿下订单，只靠一两封邮件、一两通电话是行不通的，成单需要一系列的跟进过程，电话跟进也不应该只有一次。在每一次打电话讲完谈话主题后，如果还有什么没有解决的问题，外贸员就可以以此为契机，与客户商量下一次的沟通时间，以便解决这些问题。如果双方聊得都很好，那么外贸员就可以提出另外一个主题，与客户约定下一次沟通。

打电话来跟进客户，是为了提高你的工作效率，而不是让你与客户谈天说地，聊一些没有意义的话，即使你有时间，客户也未必有这个闲心。所以，聊有用的话题，将每次电话沟通的目的和主题都确定好，这才是一个专业外贸员应该做的事情。

■ 外贸新认识

　　在挂掉电话后，外贸员最好将此次通话做一个总结，就双方达成的协议与分歧进行整理，并给客户发一份较为正式的邮件，约定下一次的沟通。即使你们已经口头约定过了，再正式确认一下也无妨。

读懂客户采购心理，从采购视角打动客户

> 采购思维与销售思维有着本质上的不同，外贸员不应该仅仅
> 从销售思维出发，也要读懂一些采购思维，这有助于你读懂客户
> 的心理，找出更好的角度说服客户购买自己的产品。

外贸员大多都具备销售思维，在向客户介绍产品时，会介绍自己的产品质量多么好，性价比多么高，付款方式多么自由等，而对客户来说，这些并不是他们主要考量的部分。客户是否决定购买我们的产品，是由他们的采购思维来决定的，他们会综合考量我们的产品对他们有什么用，能给他们带来什么样的利益。

因此，外贸员应该将自己的销售思维转变成采购思维，设身处地地换位思考，考虑一下客户到底会怎么想、怎么做，怎么看待这些产品，以便把话说到客户的心里去，打动客户下单。

那么，外贸员要如何训练自己的采购思维呢？具体有两种做法：

（1）换位思考。想一想假如自己是客户，这款产品会给自己带来哪些利益或好处。

（2）多与采购部门的同事交流，看看他们更关注产品的哪些方面，为什么关注这些。

从本质上来说，采购思维其实是从工厂思维到市场思维的转变，外贸员不再仅仅将目光放到"产品究竟哪里好"，而会去思考"如果我是客户，我会不会购买此款产品"。想通了这一点，外贸员就读懂了客户，也就能很容易拿下订单了。

外贸员不仅仅是向客户推销产品的销售员，也是解答客户疑问、帮助客户筛选产品的采购顾问，所以，外贸员应该考虑客户的需求和利益，让客户觉得你不是在卖产品，而是在帮他买产品。

亚当·斯密有句名言："我们希望吃到的晚餐，并非来自屠夫、酿酒家和面包师的恩惠，而是出自他们自利的打算。我们不说唤起他们利他心的话，而说唤起他们利己心的话；我们不说自己有需要，而说对他们有利。"

外贸员也应该清醒地认识到这一点，让客户知道购买我们的产品会对他们有利，他们会获得什么样的价值，达到什么样的目的。

当然，从采购的角度来说，并非所有的供应商都在备选范围之内，如果你所提供的产品已经被客户排除在外了，那么要拿下客户就会很困难。客户将你排除在外，是因为你对他们来说有"硬伤"，所谓的"硬伤"，并非是你的产品存在什么缺陷或者不合格，而是你的要求与客户的要求不符，超出了客户可接受的范围，比如价格太高、产品定位不匹配等。

那么，如何才能成为客户的潜在供应商呢？一般来说，需要满足以下两个条件。

1. 产品定位相匹配

如果你的客户一直都在采购美的电饭煲、美的空调、美的洗衣机，那么即使他们不打算继续采购这个品牌的产品，也绝对不会选择那些不知名品牌的产品；反之，如果他们一直采购的都是二三线品牌的产品，那么即使一线品牌的产品再好，也不会选购。因为他们的客户是固定的，他们也需要考虑自己所采购的产品的市场。

所以，了解客户对产品的要求与定位，并将自己的产品定位与客户的要求相匹配，你的产品获得客户青睐的可能性就会高一些。

并不是所有的客户都需要质量极高的产品，只有找准了客户对产品的定位及需求，才能促使客户采购。

2. 价格符合心理预期

很多采购员在采购产品时，都会有一个心理价位，这个心理价位并非只有一个最高价，而是一个价格区间，高于这个价格区间的，他们不会考虑，同样的，低于这个价格区间的，他们也不会考虑。所以，为了拿下订单而一味地报低价的行为是不可取的，报低价很可能会使你被淘汰。

外贸新认识

在外贸实际工作中，并非是我们的产品无法为客户提供价值，带来效益，而是客户不相信我们的产品能做到这一点。因此，注重自己的表达方式，先与客户建立信任感，是十分重要的一个步骤。

货比三家很正常，有效地影响客户做决定

客户在决定采购供应商时往往会花费一段时间去考虑，而很多外贸员此时都很着急，想催促客户快点做决定，殊不知，自己一天一封邮件催促不仅不利于成交，反而会让客户对自己产生反感。外贸员要知道，客户在做决定前需要货比三家，而这并不是一个简单的形式与过程，更需要认真地比较。

客户挑选产品、供应商的过程是比较漫长的，并不是看完产品就能立刻决定的，而在这个过程中，除了产品本身的特征外，外贸员的表现也会影响客户做决定。所以，即使你无法让客户按照你的想法、你的预期去做，也可以通过自己的努力尽量给客户留下一个好印象，让客户在做决定时可以多倾向你一些。

那么，外贸员要如何影响客户做决定呢？

1. 给客户营造一种愉悦的体验感

不论是什么工作，只要是与人打交道，就避免不了人们会有感性体验，而在打交道的过程中，人们所产生的愉悦感会使他们对相应的人和事都留下好印象。就拿我们去商场购物为例，如果我们对某件衣服的体验感很好，上身体验不错，那么购买的概率就高得多。

在外贸工作中，即使有些产品并不能让客户亲自试用，但是外贸员同样也可以给客户营造出一种愉悦的体验感。比如客户要购买小礼品，外贸员可以向客户这样介绍："这款礼品不仅适合送朋友、亲人，而且适合送同事、领导。您想一想，当您的女儿考试取得了好成绩后，您送这样一个小礼品，既有新意，又不是太昂贵，您的女儿也会很开心；当您的太太整天忙于家务闷闷不乐时，送给她这样一个小礼品，可以使你们的关系更融洽，家庭也会变得和睦……一个小礼品，承载着的是您对她们的关心和爱，何乐而不为呢？"

当外贸员介绍时，客户也会在脑中构建出一幅幅场景，这些充满愉悦感的体验会让他们对这款礼品多几分好感，多几分购买的冲动。

当然，给客户营造这种体验感，并不一定能促使客户立刻下单，但是与其他供应商或外贸员相比，这样做至少会让客户在感性层面更倾向于你。

2. 持续联系客户

一般来说，当客户迟迟不做决定时，很多外贸员都会很慌张，担心客户是不是已经把订单给了别人，或者催促客户快点做决定，其实，这两种做法都是不可取的。持续联系客户并不是让你催促客户，而是帮助你随时了解客户的意向，让你更好地摸清客户的喜好，进而改进你们的服务，避免客户被竞争对手抢走。而你如果可以长期与客户保持联系，维持着良好的关系，那么客户对你们的服务会更满意，在选择合作伙伴时自然也就更倾向于你们。

小技巧：即使客户迟迟不下决定，也并不代表你们已经出局了。所以，一如既往地为客户服务，会加深客户对你们的印象值。从另一个方面来说，即使客户已经决定与别家合作，你们继续对客户进行回访和新产品推介，对你们来说也没有什么损害。

很多新入职的外贸员都认为，客户有什么问题会直接说出来，而自己只要尽量满足客户的需求就行了，其实不然。客户往往不会将自己的不满与分歧直接说出来，即使你们讲好要开诚布公地谈，大多数客户还是不会完全敞开心扉，就像你们所谓的给客户的最低价也并非是真正的底价一样。所以，外贸员如果想要了解客户的真实想法，就要继续跟进客户，通过不断交流，真正明白客户的真实意图，以便提供给客户更合适的产品、更恰当的交易条件等。

外贸新认识

　　客户在采购时货比三家是很正常的，而外贸员要做的便是让自己的产品或公司能在客户的备选项中成为必选项，这就需要外贸员持续跟进客户，用良好的心态与客户沟通，让客户在与你的沟通中体验到愉悦感，进而做出倾向于你的决定。

可能会让你失去客户的一些小事

在外贸工作中，合作不愉快、产品质量有问题、产品价格不符合客户的预期、售后处理不到位等都会让外贸员失去现有的客户。

对于外贸员来说，开发客户虽然不容易，但是要守住客户同样也很难，在跟进客户的过程中，往往一个细节没有做到位，客户就从此销声匿迹了。而且，令很多外贸员感到无奈的是，有时候，即使自己并没有做错什么，客户还是会因为种种缘由而取消与自己的合作。

因此，外贸员只能尽力做好自己该做的工作，尽量让客户满意。下面我列举一些外贸员应注意的事项，希望可以帮助外贸员从中吸取经验教训，以避免因犯类似的错误而丢掉好不容易拿下的客户。

1. 写错客户的名字

写对、念对客户的名字，是对客户的一种尊重，也是我们专业的一种体现。在平时与人的交往中，我们说错了对方的名字会觉得尴尬，觉得不好意思，对方也很可能因此而不喜欢我们。在外贸工作中，如果外贸员不小心写错或者念错了客户的名字，客户很可能因此而生气，取消原本谈好的订单。

2. 产品质量不合格

产品质量不合格算得上是影响双方合作的大问题了。当发现产品出现问题时，有些客户会再给一次机会，让工厂重新制作一批产品，但有些客户就会直接取消此次合作，即使之前的产品都没问题，合作也很顺利，客户也还是会不留情面，甚至因为一次的产品问题而取消接下来的所有单子。因此，产品质量始终是一个重点问题，外贸员应该尽自己的能力去把控。

此外，合作过程中出现的其他问题也会使你丢失客户。比如：延长交货期，没有在约定的时间内按时交货；产品质量不符合要求，即使不影响使用，但是没有达到客户的要求，也会令客户不满。

3. 由于文化差异造成误解

外贸员主要与国外的客户打交道，除了汇率问题外，东西方的文化也存在一定的差异，比如服装的尺寸、鞋子的尺码都会有不同的表示方式，如果外贸员想当然地将客户所说的内容事项按照中国人的习惯去解读，那么很可能会造成误解，导致制造出来的产品出现错误，不符合客户的要求。

因此，外贸员对这一点一定要加以重视，防范由于文化差异而造成误解。如果你对客户的要求没有彻底搞清楚，不妨多问几句，多确认一下，这总比制作出不符合客户要求的产品要好。

4. 售后处理不当

与客户合作不是成交一次就结束了，你们的交易也并不是在客户付完款项后就终止了，售后方面同样重要。当客户采购你们的产品出现了什么问题，想要让你们帮助解决时，如果你们毫无表现，那么今后就不只是失去了这一位客户，失去这位客户可能带来的其他大单，还有可能会失去与这位客户有交情的其他潜在客户。

所以，外贸工作中的售后处理同样需要外贸员去花心思。要知道，出现问题不可怕，但重要的是要积极主动地解决问题，而不是任由问题发展下去，变成无法挽回的损失或错误。

5. 老客户换了买手

有时候，即使外贸员表现得很好，产品也没问题，交易条件也符合客户的要求，但客户还是会逐渐减少订单量，甚至将自己从他们的供应商中剔除，比如当老客户换了买手时。

当遇到这样的情况时，很多外贸员都表示自己已经无能为力了，因为这并不在自己可控制的范围内，还有一些外贸员会选择降价，但在实际工作中，这种做法并不能帮助他们拿下订单，反而还会让客户觉得外贸员之前的报价水分很大，利润空间很高，进而更会促使客户取消合作。

因此，当你遇到了这类情况时，不如先涨涨价，只要你的成本列表足够清楚，客户就会选择相信你。而且，你的涨价行为会让对方新上任的买手很着急，他会致力于与你沟通，希望能以原来的价格成交。而如果你在与买手沟通的过程中表示愿意支持他的工作，并会尽量配合他，那么你们被留下的概率就会大大提高。

外贸新认识

丢掉客户比拿下客户要容易得多。外贸员做了其中的九十九件事，但很可能因为有一件事没有令客户满意，就会让客户与外贸员"绝交"。所以，了解客户的禁忌，避免重蹈前辈们的覆辙，同样重要。

高手支着：你群发的不是信息，而是垃圾

　　给客户群发消息，看似你把工作都做到位了，但是客户很可能并不买账，反而会觉得你糊弄、没诚意。因此，从实质效果上说，虽然你做了工作，但是结果并不理想。在客户看来，你发过来的消息，更像是垃圾信息，对自己毫无用处。

　　相信你一定收到过群发的短信或者微信消息，也许你也曾经给客户或朋友发过群发消息，甚至现在还在群发中。如果你仍然在这样做，那么，赶紧停下来吧！

　　群发消息给客户，造成的结果很可能是客户并不看重你发的这条消息，选择性忽略，甚至有些客户还会觉得你群发消息很没有诚意。

　　很多外贸员群发消息也并不是自愿的，可能是跟老外贸员学的，也可能是公司让发的。但是只要你这样做了，不管是出于什么原因，在客户看来，你都算不上有诚意。所以，不要再做这种吃力不讨好的事情了。

　　如果你想与客户保持联系，那么就用心编辑一条微信消息，让客户看到你的诚意。当然，在与客户接触的过程中，你肯定已经对客户有了一定的了解，那就按照客户的特点给他发一条个性化定制的消息。

变化是外贸工作中不变的主旋律，所以，不要总是听老外贸员的经验之谈，你自己应该在外贸工作中不断地总结经验教训，不断地探索新市场环境下的合作机制，要知道，没有什么方法是可以完全套用的。

外贸新认识

群发消息也是缺少共情力的一种表现。外贸员群发时，只考虑到了自己方便，没有想过这条消息是否对客户有用，是否是客户需要的。

第九章
做好外贸售后服务，解决客户的后顾之忧

→

我们在购买产品时都会关注保质期、售后服务保障等，更何况客户要采购的是数量更多、金额更庞大的产品呢？可以说，没有哪位客户是不注重售后服务的。

在外贸行业中，要做好售后服务是存在很大困难的，毕竟买方与卖方之间存在语言不通、距离太远等一些客观因素，如果产品出现问题，退换需要耗费大量的时间和金钱成本。但我们不能因为存在这种情况而忽视了售后工作。可以说，只有做好了售后服务工作，才会让客户一次又一次地放心下单。

做好售后服务，提高客户的满意度

> 产品本身的特点与卖点是影响客户是否下单的重要指标，而售后服务是影响客户是否再次下单的重要指标。所以，做好售后服务，提高客户的满意度同样很重要。

当前是产品供大于求的市场经济时代，在产品同质化、技术同质化的背景下，做好售后服务才是一个公司、企业持续发展的可行之道。

从操作层面上来说，外贸售后确实需要耗费更多的成本。但是，从另一个角度来说，有保障的售后服务同样会成为公司产品的一个卖点，是打动客户的一个重要方面。而且，对于已经购买了产品的客户，做好了售后工作，很有可能将这些客户转换成忠心的老客户，从长远来看，这是十分值得的。

此时，外贸员要如何展开售后服务工作呢？难道等着客户的产品出现问题时主动联系外贸员吗？当然不是。在产品售出后，尤其是对第一次合作的客户，外贸员需要继续跟进调查，了解客户对产品的满意度以及使用情况。具体来说，外贸员需要做到以下几点。

1. 主动联系客户

客户付款之后，在很多交易流程中，外贸员都可以主动联系客户，将产品的物流信息、当前的交易进展情况等及时告知客户，从而让客户掌握产品的即时动向，并对外贸员多一分信任。

而且，如果在这些流程中遇到了什么特殊情况，外贸员也可以随时向客户解释清楚，获得客户的谅解，而不会让客户觉得这个人办事不靠谱，产生"以后绝不会继续跟他合作"的想法。

2. 注意沟通时间

有些外贸员可能会觉得，那我在工作时间给客户留言就可以了，这样客户上班后就能看到了。这确实是一个办法，但是你想一下，如果客户看到了你的留言，并在回复中描述了一些问题，但是你没有直接回复，那客户会怎么想呢？对于一个小问题，可能就要花费几天的时间才能讲清楚，才能解决，对客户来说，这是不是太低效了呢？

所以，外贸员应该尽量以客户的时间为准，在客户的工作时间内联系客户，与客户进行在线沟通。当然，这很可能意味着外贸员联系客户的时间是晚上或者凌晨，但不可否认，这种即时沟通的效果是最好的。

3. 选择沟通方式

一般来说，外贸员在与客户联系时通常是以邮件为主，如果方便，也可以使用双方都注册过的交流工具。但当客户在使用产品的过程中有疑问时，有时候可能几句话说不清楚，这就要通过语音沟通的方式来解决了，同时配以相应的图片、视频发送，客户看着就会直观得多。

做售后服务，一方面可以帮助外贸员调查产品的实际使用情况，便于后期指导技术员进行相应的改进；另一方面也可以帮助外贸员了解客户对产品各个方面的实际使用要求，便于为客户推送更多令他们满意的产品。而且，售后服务做得好，客户对产品的满意度也会更高，这就会带来更多的订单。

■🩲外贸新认识

　　生意是建立在利益的基础上的，能和客户成为朋友固然好，但若是无法成为朋友，外贸员就要用自己的专业和能力尽可能地帮助客户。

从一次交易转为长期合作的售后优势

令客户满意的售后服务可以将他们变成忠实的老客户，由一次交易变成长期合作。所以，做好售后服务，发挥售后服务的优势，是每一位外贸员都应该掌握的一项技能。

售后服务是什么？对于这个问题，很多外贸员都有自己的认识和想法，大多数人都觉得售后工作是在产品出现了问题后才会发挥作用的，如果客户用得好，没有出现问题，自然也就不需要售后服务。不得不说，这种想法过于片面。

售后服务，指的是在商品出售以后所提供的各种服务活动，既包括定期回访、定期保养维护，又包括指导安装、解决技术问题等方面。

小知识

在客户决定采购产品之前，产品的售后保障、售后服务等会成为它的加分项，消除客户心中的疑虑，促使客户多一分下单的可能；而在产品出售后，售后服务的优劣将直接影响客户的满意度，影响客户下一次下单。

所以说，外贸交易并不是客户收到货后就结束了，当整个交易过程完成后，外贸员还是需要做各种各样的工作，为下一次的成交打好基础，也更好地维护这些老客户。

比如，外贸员可以将客户的信息与其采购的订单信息进行归类整理，将每位客户的采购数量、采购周期、所在国家、购买金额等整理好，从而了解客户所在国家对产品的需求度。

一方面，外贸员可以从中筛选出重点买家，即一次订单量比较大或者采购周期比较短的客户，并重点维系这些客户。另一方面，根据客户采购周期的长短，外贸员也可以适时地定期为有采购需求的客户推送一些产品资料，比如介绍新产品等。

可以说，好的售后服务是一次难得的二次营销。所以，千万不要低估了售后服务的作用与优势，主动进行二次营销，掌握住重点买家的采购需求，成单的概率自然会大大提升。

通常来说，以下契机可通过售后工作来进行二次营销。

1. 新产品上线时

新产品上线时，外贸员可以为客户推送新产品的信息，即使客户目前没有购买意愿，也可以先了解一下。

为了宣传新产品，外贸员在发给客户的邮件中，也可以说明第一批采购新产品的客户会给予一定的优惠等，当然，这也需要获得公司领导的认可。

2. 重大节日

即将到某些节日，尤其是国外客户比较注重的感恩节、圣诞节时，外贸员可以给客户发邮件提前表示祝贺，也可以在邮件中说明为了回馈客户，在节日活动期间下单会享受一定的购买折扣。

小技巧

有些产品在节日期间会有很大的采购量，所以，给予折扣更能刺激客户去采购。

3. 定期采购期

很多客户都有固定的采购周期，在客户的采购周期前进行售后跟进或营销，对客户来说，是更有效的信息，既有助于给客户一个良好的产品使用体验，又可以让客户在采购之前就先了解一下产品当前的市场价、质量情况等。

销售工作不是一次就结束的，优秀的外贸员会利用好手头的客户资源，通过各种方式维系客户，从而将新客户变成稳定的老客户，提高交易量。

外贸新认识

在产品同质化日益严重的市场环境下，售后服务已经成了众多厂家和商家拿下客户、获得订单的一个重要优点。外贸员也要认识到售后服务的重要性，并努力践行自己曾经给客户的承诺。

外贸售后可以助推良好口碑

> 良好的售后服务会让客户对我们产生很好的印象，有一个不错的评价，也更乐于与我们合作。而且，客户对我们的服务满意，也会愿意将我们推荐给他的朋友，为我们的良好口碑进行宣传，也为我们带来更多的订单。

良好的售后服务往往会带来更多的客户、更多的订单，这是因为这家公司已经在这些已购买产品的客户心中建立了良好的形象，有着良好的口碑。

就像我们去商场购物，我们在一家店里购买了一件衣服，回到家后发现衣服开线，于是返回这家店寻求解决办法，店里的服务人员很热情地给我们换了一件完好的衣服或者替换了一件同等价格的其他款式的衣服，这个问题就这样顺利地解决了。虽然之前出现了一些小问题，但是他们的售后服务有保障，我们不必担心他们不给解决问题，正是因为有过这样一段经历，我们在接下来购物时也会倾向于选择这家店。

而且，有时候仅仅自己记住这样一段经历是不够的，我们还会不自觉地将自己的购物经历分享给其他人，推荐其他人也去这家店买衣服。这样口口相传，这家店就会因为这一次良好的售后服务而多了许多笔生意。

外贸工作也是同样的道理，虽然它的售后服务不像买衣服退换一样容易，但是做好了售后服务，我们很可能会建立起良好的口碑，从而在国际贸易中实现口碑营销，赢得更多客户的青睐，拿下更多的订单。

小知识

口碑营销指的是企业运用各种有效的手段，引发企业的顾客对其产品、服务以及企业整体形象的谈论和交流，并激励顾客向其周边人群进行介绍和推荐的市场营销方式和过程。

在国内的市场贸易中，很多人都注重口碑营销，但是在国际贸易中，这一点却常常被忽视。其实，口碑营销在国际贸易中也同样重要。

比如，与我们已经合作了一段时间的客户，如果对我们的产品质量和服务效果都比较满意，那我们就可以让其成为"宣传员"，当新客户不信任我们的产品或售后保障时，老客户就可以用自己的亲身经历说服对方，帮助我们拿下新客户。这便是口碑营销的优势所在。

当然，客户也可能会主动为我们做宣传，向自己的朋友、生意上的伙伴等介绍、推荐我们，帮助我们进行宣传推广，使我们有更多的机会拿下更多的订单。

而这些新客户如果对我们的服务满意，也很可能会为我们开发出更多的新客户，从而形成一个良性循环。

不少公司都是重销售而轻售后，他们将大量的时间和精力都投入寻找客户、开发客户、写邮件等方面，而将售后服务看成一件十分麻烦的事情，甚至对客户的投诉视而不见，结果就导致与很多客户的合作都不欢而散。

良好的口碑不是一朝一夕形成的，只有产品和服务水平让客户满意，或者超出客户的预期，才会让客户自发主动地为我们进行推荐和宣传。

所以，做好售后服务不仅是履行合同职责的一种义务，更是辅助营销、促进成交的一种手段。外贸人员一定要重视售后服务，认识到良好的售后服务所能带来的潜力与价值，进而为树立良好的口碑奠定基础。

外贸新认识

做外贸工作，就是外贸员不断地帮助客户挑选合适的产品，帮助客户发货、把控物流环节等一系列过程，在客户收到货后，外贸员还要定时跟进，做好售后服务工作，帮助客户解决产品使用过程中出现的问题。所以，从本质上来说，外贸工作就是外贸员在服务和帮助客户。

客户要求索赔，外贸员要怎么处理

　　客户要求索赔，大多是因为觉得自己遭受了损失，除了实际的利益损失外，客户心中也会不痛快。所以，外贸员首先要平复客户的不满心理，让客户平静下来，以便双方心平气和地交流。

　　一般来说，在收到产品并投入使用之后，如果没有什么问题，客户是不会联系外贸员的，但是当产品在使用过程中出现了问题，客户的态度往往就不会那么好了，有些客户会直接质问外贸员是不是给自己发了残次品，并要求索赔。面对这种情况，外贸员就要小心应对。

　　至于是否要赔偿，按照什么比例来赔偿，则需要在了解了问题的细节后再进行处理。毕竟，做生意要讲究诚信，这属于售后服务的范畴，因此，外贸员在与客户签合同前所承诺的售后保障一定要做到。如果做不到这一点，那么，客户就不会再下单了。

　　此时，外贸员究竟该如何处理此类情况呢？通常来说，处理此类事件，可以按照以下三个步骤来进行。

　　1. 及时回复，安抚客户

　　客户在使用产品的过程中出现了问题，这是谁都不想看到的，客户更是觉得自己受了委屈。所以，此时面对客户的指责，外贸员要及时地回复客户，安抚客户的情绪，让客户知道你很重视他所提出的问题，并会给予处理，不会坐视不管。

有些外贸员会产生这样的想法：我肯定会帮助客户处理问题的，不会抵赖的，但是有必要跟客户说这么清楚吗？难道他还怕我跑掉不成？

有这种想法的外贸员显然是不了解客户此时的心情，即使你们之前合作得很好，但是一出现问题，客户就会担心你们不给处理，也会担心你们一直找借口拖着，所以，此时安抚好客户的情绪，让他们放下心来，才是最重要的。

2. 问清问题，查清细节

在客户的心情平复之后，外贸员就可以问问客户到底是出现了什么问题，看看有没有什么细节上出现纰漏，导致产品使用不当而造成意外。

这样做是为了弄清楚原因，避免之后再出现类似的问题，也可以让双方都了解到底是哪一方的过失。

　　在这个阶段，外贸员要委婉地询问客户，不要用怀疑、质问的口吻，以免引起客户的反感。

为了调查得更清楚，外贸员也可以让客户发出现问题的部分的视频或者图片，告知客户你们这样做是为了让技术员更好地检查、处理问题。

3. 主动表态，及时处理

在查清了问题后，如果确实是你们的问题，那么就要诚恳道歉，并表明你们会及时处理。接下来，你们就要商讨出一个具体的解决方案，并及时将你们的讨论结果告知客户，需要赔偿的地方尽可能地赔偿，不过赔偿的方式可以与客户协商，比如分批偿还，或者在接下来的订单中给予客户一定的折扣。

　　如果查清后发现不是产品本身的问题，而是客户一方操作不当造成的意外，那么你们就要告知客户详细的操作方式，或者让技术员、操作员指导客户，协助客户解决问题。问题解决了，客户自然也就不会让你们赔偿了。

■ 外贸新认识

　　很多外贸员一听到客户要索赔，就觉得是客户故意在找茬，于是对客户另眼相看，没有致力于解决问题，导致双方的误解越来越深。还有些客户在遇到一些问题后，不会积极地与外贸员协商，而将这个问题放在心里，觉得这个外贸员或者供应商不靠谱，于是接下来便毫无预兆地取消与他们的合作。不论是哪种情况导致的问题，外贸员都可以通过良好的售后调查与服务来解决。

高手支着：外贸员的晋升之路

> 大多数外贸员都想要成为公司的管理者。但事实上，一个业绩优秀、拥有专业技能的外贸员未必可以成为一个好的管理者。

很多外贸员都觉得晋升就是升到领导岗位，做管理者。现在很多行业也都如此，谁的业务做得好，订单拿得多，谁就更容易晋升到公司的管理岗位。但实际上，外贸员与管理者之间其实存在很大的差别。

外贸员是一个偏技能型的职业，这个职业要求一个人需要具备专业的水平，了解外贸知识与流程，懂得与客户沟通，能够运用自己的专业去处理交易过程中出现的一些问题。

而管理者在很多时候是处于一个辅助位置，通过协调来帮助外贸员更好地完成自己的工作，即使管理者对外贸中的某个具体操作不是很清楚，但是只要他们了解整体方向，找到合适的人去处理，依然可以把事情完成得很好。

可以说，外贸员的工作是直接创造价值，而管理者的工作是通过组织、协调等帮助整个团队去创造价值。所以，从一个优秀的外贸员到管理者，其实是发生了职业的转型，而不仅仅是简单的晋升而已。有些优秀的外贸员在升到管理岗位时经常会出现差错，放错重点，仍然在工作中事事亲力亲为，这就是没有认清外贸员与管理者之间的本质区别。

那么，既然成为管理者并不能充分发挥外贸员本身的优势，也无法将他们在工作中积累的宝贵经验运用其中，那么外贸员可以朝哪些方向去努力呢？通常来说，外贸员可以走以下两条职业晋升之路：销售专家或者行业专家。

1. 销售专家

外贸员职业晋升的其中一个选择便是成为销售专家，即懂得用科学的思维去做销售，做好外贸工作，能够运用自己的专业知识与技能迅速赢得客户的信任，帮助客户解决问题。

相信很多外贸员都认识到了这一点，但是在实际工作中却很难做到这一点。因为很多外贸员都觉得销售技巧是最重要的，因而在与客户沟通时，他们总是着重于技巧，催促客户尽快下单，甚至跟客户说如果推迟几天，产品就要涨价等，而不是真正从客户的需求点出发。

真正的销售专家不仅仅是靠技巧取胜的，相反，他们会更注重客户的需求与感受，会真正地以客户为中心。所以，如果你想走上这一条晋升之路，那就从现在开始，改变你脑中原本的错误想法吧！

2. 行业专家

要成为一名行业专家，需要长时间的积累与沉淀，这是一个十分漫长的过程。所谓的行业专家，当然不能对这个行业一知半解，而应该将自己所从事的行业吃透，真正地了解行业的发展与变化。

与其他行业的专家不同，外贸行业的专家除了要了解本行业的市场环境及其变化外，还要了解自己所从事这个行业的各个厂家的动态以及最新的产品研究情况，要了解竞争对手的产品变化，了解随着市场的变化客户会产生什么样的心态，会如何做购买决策等。

外贸员是一个靠技能吃饭的职业，不论是成为销售专家还是成为行业专家，都要具备专业技能，都要在平时的工作中不断积累经验，并将这些经验内化成自己的东西。

外贸新认识

外贸员本身就是一个注重技能的职业，如果外贸员的目标是要成为管理者，那就相当于没有充分发挥自己的技能优势，而是朝着自己并不熟悉的领域发展。

附录 1　外贸人在面试时会面临的 3 个问题

不论在什么行业，做什么职业，在一家靠谱的公司工作很重要。但是在入职一家公司之前，很多人都没办法判断这家公司是否靠谱，也就不免走很多弯路。而在外贸行业中，要换一家公司，换一个工作，往往会损失很大，以往的客户资源、供应商资源可能不再适合新公司，无法成为自己的优势。

如果能够在面试时就将这家公司了解清楚，对其有一个大概的认知，判断出这家公司是否值得待，是否足够靠谱，那么就会大大降低换工作的成本，外贸员的职业发展也会更顺利一些。

当然，公司的面试官不会跟你说这家公司的不好之处，因此就需要你主动去问问题，通过回答来判断这家公司的价值，在心中为它打个分数。一般来说，只要问了这三个方面的问题，你就会知道这家公司是否适合你了。

1. 薪资问题

薪资问题通常是大多数面试者最关心的问题，但是很多人去面试时都不好意思问这个问题，担心自己一问这个问题就失去了这次入职机会，有些人则是稍稍提两句，于是他们得到的回答大多是："这个是需要根据能力来调整的，得看个人的具体表现。""你放心，工作做得好，薪资自然不会少的。""等业绩做出来了，我们再具体谈这个问题。"

对公司的领导来说，当然是你问得越模糊越好，这样他们在制订你的工资时就有很大的弹性，尽可能地使自己或者公司的利益最大化。但是如果外贸员不问清楚这个问题，很可能在入职了一段时间后便后悔，觉得自己的付出与回报不相符。

所以，薪资问题一定要细谈，谈得越详细、越清楚越好。毕竟，找工作也是一个双方选择的过程，对方会看你的个人简历是否与这个职位相符合，你也要看这家公司提供的待遇是否符合你的预期，而不仅仅只有被选择权。

所以，在面试时，外贸员需要问清试用期的工资、转正后的工资是多少，试用期是多长时间，工资具体都包括哪些，奖金和提成等是如何计算的，等等。如果你问了几句，对方就不高兴了，或者含糊不清地回答，那你就要小心了。

2. 老员工人数问题

如果你目前想要长期在一家公司工作，那么要判断这家公司是否靠谱，是否适合你，就可以问一问面试官他们的员工构成。

一般来说，如果一个公司已经成立了几年，但是员工的流动性很大，老员工的人数很少，那么这家公司肯定存在一些问题，而这些导致其他人离职的问题也往往会成为促使你离职的原因。

所以，问一问公司的成立时间，部门中有多少老员工，他们在公司工作了多久，有助于你做出一个合理、恰当的判断。

3. 办公环境问题

在面试时看一看办公环境是很容易的。在看办公环境时，除了要看办公室的整体氛围、设备配备情况、办公场所的整洁度外，还要看一看工作人员的状态，看看他们是积极地工作，还是满脸愁容不开心，抑或是在混日子。如果工作环境脏乱差，那么你就要仔细考虑考虑了。

此外，很多领导都会问面试者对加班的看法。就外贸这个职业来说，外贸员加班是再正常不过的了，毕竟你要服务的大多是国外客户，而他们的作息时间与我们是不一样的，时差问题促使加班成了这个职业的常态。所以，如果你想好了要做外贸员，想要进入外贸这个行业，那就做好随时加班的准备吧！

附录 2　外贸工作中的一些好习惯

外贸员所做的工作是很繁杂的，很多细节方面注意不到，或者处理不好，都可能导致丢掉客户，而在工作中养成一些好习惯，会起到很大的作用。

1. 少问多思考

很多外贸新人都会积极地学习,向老员工、领导请教,这是值得表扬的,但是这种做法也带来了一种不好的现象,当外贸员将当前的问题解决之后,没有进行思考与记录,再发生同样的问题时,外贸员还是会频繁地请教他人,而不是靠自己的能力去解决。如果你也是这样的外贸员,那就赶快改正这种工作方法,不然你是很难进步的。

做外贸工作,有积极性是好事,但也要有自己的思考,比如想一想为什么会丢客户或者单子是怎么谈下来的,谈判过程中遇到了哪些问题,其他人是如何解决的,为什么这样解决,等等。将你的思考、认识记录下来,这些都将会是你的财富。

2. 用行动解决问题

出现了问题,如何解决问题才是最重要的。客户此时需要的是你的解决方案,而不是你的解释。所以,不要急着推脱,先用你的行动给出解决方案,让问题及时得到解决,然后再考虑如何挽回客户对你的信任,消除客户对你的疑虑等。

3. 平心静气地处理问题

很多人在自己犯了错或遇到别人犯了错时会先发火，责备自己没做好，责怪他人不用心。但是错误已经造成了，发火也于事无补，所以不如尽量平心静气地处理问题。

4. 随手记录

随手记录是外贸工作中的一个很重要的好习惯。不论是给客户发送邮件的时间、内容，还是客户的联系方式、每位客户的跟进进度等，将这些都记录在本子上或者电脑上，能方便你后期去查找。

记录的内容要尽量精练，比如标注出时间、事件即可。对于一些重点信息，比如产品涨价、运费上涨等，则可以标注得详细些，方便自己以后了解行业内的价格波动水平，提升自己的能力。

后　记

　　写了这么多，希望读者能有所收获，只要其中有几处能让你受益的，那对我们来说就是有价值的。

　　做外贸工作，每个人都会形成自己的一套方法。新人要做好外贸工作，前期可以模仿、借用他人的处理模式，但当基本的技能都学到之后，一定要将其内化成自己的技能，而不再是单纯地模仿。

　　很多人都抱怨外贸工作太累、太难做，客户不好伺候等，虽说这是事实，但是又有什么工作是简单的呢？既然你对外贸工作感兴趣，想要在外贸行业有所发展，那就努力学好这些技能。我也是从这个阶段过来的，也曾有过多次失败的经历，也曾因为自己的不注意而丢掉了客户，甚至丢了几个大单子。但失败并不可怕，可怕的是你因为几次的失败而一蹶不振，更可怕的是你没有从失败中吸取教训。

　　所以，不要害怕失败，在外贸工作中尽自己最大的努力，你的能力是会随着时间的累积而逐渐增强的。